Für Sam, Rose, Charlotte, Billy,
Laurence, Sam und Barney.

Die Deutsche Bibliothek – CIP-Einheitsaufnahme

Spiel und Spaß an Regentagen / von Angela Wilkes
Aus dem Engl. übersetzt von Anne Braun.
Bindlach : Loewe, 1996
ISBN 3-7855-2881-7

DK Ein Dorling Kindersley Buch
Originaltitel: The Fantastic Rainy Day Book
Copyright (c) 1995 by Dorling Kindersley Limited, London
Text copyright (c) 1995 Angela Wilkes

ISBN 3-7855-2881-7 – 1. Auflage 1996
© für die deutsche Ausgabe by Loewe Verlag, Bindlach 1996
Aus dem Englischen übersetzt von Anne Braun
Umschlaggestaltung: Karin Roder
Satz: DTP im Verlag
Printed in Italy

Inhalt

Angela Wilkes

Spiel und Spaß an Regentagen

Aus dem Englischen übersetzt von Anne Braun

Loewe

Sterne als Wegweiser

Oben auf jeder Seite sind Sterne abgebildet. Sie verraten dir, wie lange die schwierigste Bastelarbeit auf dieser Seite dauert.

Ein Stern

☆

Du brauchst ca. eine Stunde.

Zwei Sterne

☆☆

Du solltest einen Nachmittag einplanen.

Drei Sterne

☆☆☆

Die Durchführung dauert mindestens einen Tag.

Achtung! Aufgepaßt!

Manche Schritt-für-Schritt-Anleitungen sind mit einem roten Warnsignal versehen. An diesen Stellen mußt du dir von einem Erwachsenen helfen lassen.

Der Topfhandschuh
Zieh beim Backen einen Topfhandschuh an und bitte einen Erwachsenen, dir zu helfen.

Das rote Ausrufezeichen
Hier wird es etwas gefährlich. Laß dir unbedingt von einem Erwachsenen helfen.

Pailletten in allen Farben

Stecknadeln

Perlen und Kügelchen in allen Formen und Farben

Klebesternchen

Linsen und Samenkörner

Büroklammern

Bunte kleine Knöpfe

Pappteller

Flaschenverschlüsse aus Plastik

Kleine Schachteln

Papprollen

Eierschachtel

Stroh und Bast

Zweige und Holzstückchen

Federn

Tannenzapfen

Muscheln

Hübsche Blätter

Deine Schatztruhe

Solche Sachen kannst du für alles mögliche brauchen. Bewahre sie in Schachteln oder Dosen mit Deckel auf.

Krimskrams-Kiste

Viele Sachen, die sonst im Abfall landen (Klopapierrollen, Eierkarton usw.), können sehr nützlich sein. Wie du gleich siehst, kann man die tollsten Sachen daraus zaubern.

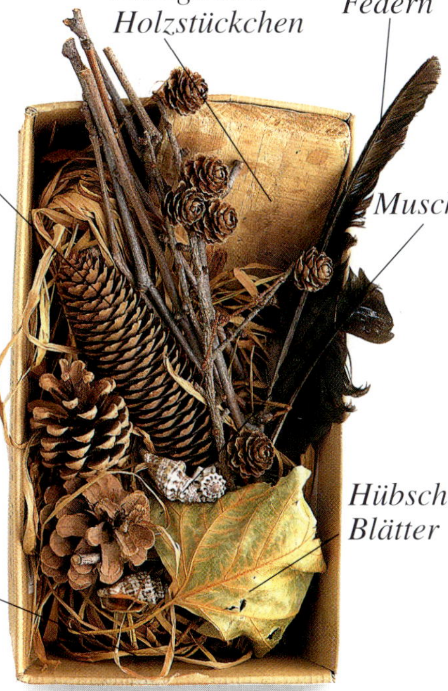

Draußen entdeckt

Die schönsten Dinge findet man auf Spaziergängen im Park, im Wald oder am Strand. Halte die Augen offen! Du wirst staunen, was es alles zu sammeln gibt!

Kreative Bilder

Wenn du ein Bild machst, vergeht selbst an einem Regentag die Zeit wie im Fluge. Du mußt kein toller Maler sein, denn diese Mosaikbilder und Collagen werden aus Papier, Körnern, Nudeln, Illustriertenfotos und Stoffresten zusammengeklebt. Zuerst erfährst du, welche Techniken es gibt. Auf den nächsten Seiten sind dann die fertigen Kunstwerke samt Rahmen zu bewundern.

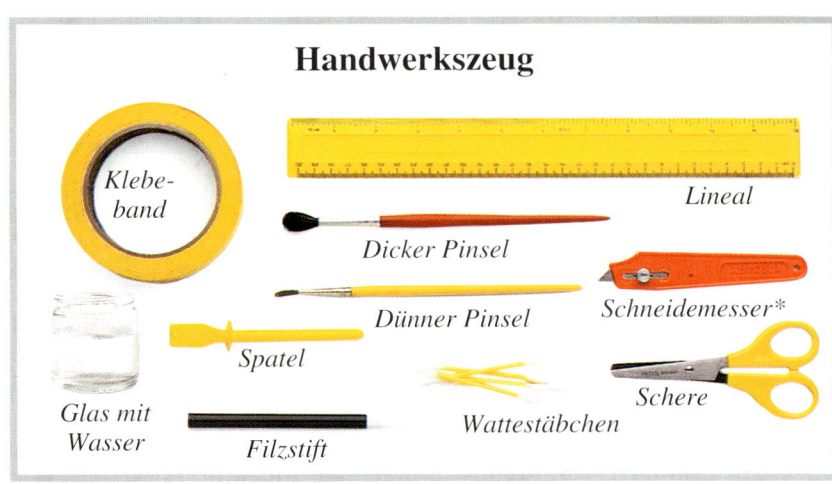

Handwerkszeug

Klebeband

Lineal

Dicker Pinsel

Dünner Pinsel

Schneidemesser*

Spatel

Glas mit Wasser

Filzstift

Wattestäbchen

Schere

Du brauchst

Stoffreste

Blätter aus alten Illustrierten

Farbiges Papier

Alleskleber mit Tülle

Verschiedene Arten weißes Papier und Karton

Getrocknete Bohnen, Körner und Nudeln

Glatte Steine und Kieselsteine

Plakafarben

Klarlack

Klebestift

Wellpappe

Mosaikbilder

1 Je einfacher das Motiv, desto wirkungsvoller. Zeichne die Umrisse des gewünschten Motivs auf weißen Karton.

2 Welche Farben möchtest du verwenden? Nimm passende Seiten aus alten Zeitschriften und zerreiß sie in kleine Schnipsel.

3 Bestreiche den Karton mit Kleber und drücke die Papierschnipsel darauf. Fang mit dem Hintergrund an und arbeite in Reihen von oben nach unten.

* Wenn du das Schneidemesser verwendest, solltest du dir von einem Erwachsenen helfen lassen.

Papier- oder Stoffbilder

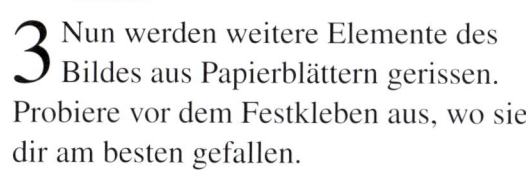

1 Schneide den Bildhintergrund aus Papier oder Stoff zu und klebe ihn fest. Farblich abstechende Papierstreifen bilden den Rand.

2 Reiß das Hauptmotiv vorsichtig aus einem Papierblatt aus. Plaziere es in der Mitte und klebe es fest.

3 Nun werden weitere Elemente des Bildes aus Papierblättern gerissen. Probiere vor dem Festkleben aus, wo sie dir am besten gefallen.

Bemalte Steine

1 Du brauchst glatte Steine: gründlich waschen und dann trocknen lassen. Bemale sie rundum mit weißer Farbe und warte, bis die Farbe getrocknet ist.

2 Male nun ein Motiv auf jeden Stein. Zuerst müssen die größeren Flächen gemalt werden und trocknen, ehe du mit dem dünnen Pinsel die Feinheiten malst.

3 Sind die Farben getrocknet, bestreiche jeden Stein mit Klarlack. Trocknen lassen! Jetzt können die Farben nicht mehr abbröckeln.

Körner-Collage

1 Vor dir liegen verschiedene Körnersorten, Bohnenkerne und einige Spaghetti. Zeichne die Umrisse des gewünschten Bildes auf weißen Karton.

2 Bestreiche einen Teil des Bildes mit Klebstoff und streue Kerne und Körner darüber. Schiebe sie mit dem Pinselende an die richtige Stelle.

3 Klebe so lange Körner auf, bis das Bild fertig ist. Für Abgrenzungen und Linien sind Spaghetti ideal geeignet.

Bildergalerie

Der Rahmen

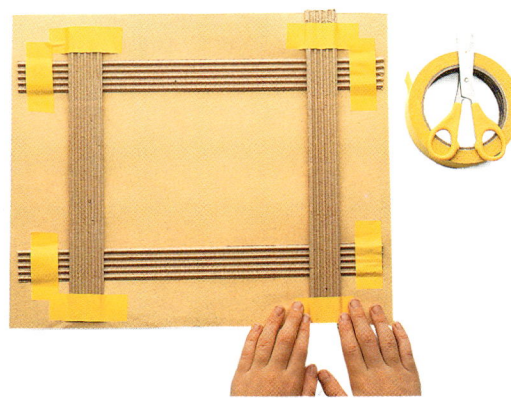

1 Schneide vier etwa 3 cm breite Streifen aus Wellpappe zu. Lege sie so auf einen Karton, daß sie genau die Größe des neuen Bildes haben. Enden festkleben!

2 Bitte einen Erwachsenen, die Schnittstellen – wie auf dem Foto – diagonal mit dem Schneidemesser einzuschneiden. Mach das Klebeband wieder ab.

3 Klebe die vier Streifen auf der glatten Seite zusammen. Bemale und lackiere die Vorderseite des Rahmens und klebe dein Bild von hinten in den Rahmen.

Mosaikbild: Ein Korallenfisch

Rahmen aus Wellpappe

Zur Schau gestellt

Hier eine Auswahl an Bildern, die du anfertigen kannst. Bastle entweder – wie links beschrieben – einen Rahmen aus Wellpappe oder klebe die Bilder einfach auf einen größeren, farbigen Karton auf.

In einem Rahmen kommt dein Bild besser zur Geltung.

Ein Strandbild

Collage: Eine Kuh aus Stoff

Stoffvergnügen

Sammle beizeiten alle möglichen Stoffreste unterschiedlicher Materialien, Farben und Muster für deine Collagen.

Orangeroter Kater

Tulpe und Biene

(Bild)

Bilder aus Papierschnipseln

Diese Papierschnipsel-Bilder sind leicht zu machen und sehen toll aus. Man kann mit dieser Technik Grußkarten und Geschenkanhänger basteln.

Bemalte Steine

Die Steine hier haben alle etwas mit dem Thema „Meer" zu tun. Sie sind tolle Briefbeschwerer. Bestimmt fallen dir noch andere Motive ein.

Krabbe

Boot auf hoher See

Fisch-schwarm

Sonne über dem Meer

Auf einen orangefarbenen Karton aufgeklebt

Ente im Schnee

Körner-Collage: Dorfstraße

Gesichter schminken

Einander zu schminken macht einen Heidenspaß. Ihr könnt euch in einen Tiger, einen Clown oder alles mögliche verwandeln! Anregungen findet ihr in Zeitschriften oder Büchern, und die malt ihr dann einfach nach. Ihr solltet wasserlösliche Farben verwenden; die sind leicht aufzutragen und mühelos wieder abzuwaschen. Sie können genau wie Wasserfarben gemischt werden, um neue Farbtöne zu erzeugen.

Ihr braucht

Kleines Handtuch

Kosmetik-schwämmchen

Haarband

Wasserlösliche Gesichtsfarben

Faschingsglitter

Etwas Wasser

Einen feinen Pinsel

Einen breiten flachen Pinsel

Die Grundierung

Haare zurückbinden, das Schwämmchen anfeuchten und vorsichtig mit der Grundfarbe tränken. Verteile die Farbe mit dem Schwämmchen gleichmäßig im Gesicht.

Feinheiten malen

Sobald die Grundierung trocken ist, die gewünschten Motive auftragen. Für größere Flächen den breiten, für Feinheiten den dünnen Pinsel verwenden.

Abschminken

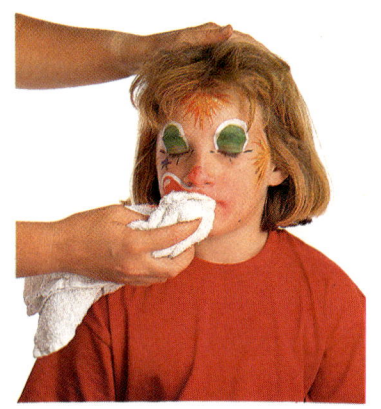

Mit Seife, Wasser und einem sauberen Handtuch kann die Schminke mühelos abgewaschen werden.

Lustiger Clown

Die Haare werden mit Gel zurückgekämmt.

Goldene Verzierung

Sternchen

Schwarze Striche an den Augen

1 Male deiner Freundin zwei grüne Ovale über Augenlider und Augenbrauen.

2 Male einen großen roten Mund und einen dicken roten Punkt auf die Nasenspitze.

3 Augen und Mund weiß ummalen, ganz nach Lust und Laune weitere Verzierungen auftragen.

Schmetterlingsgesicht

Linien aus Glitter

Fühler

Flügel

1 Zeichne mit dem feinen Pinsel die Schmetterlingsflügel und Fühler aufs Gesicht deiner Freundin.

2 Male mit dem flachen Pinsel die Flügel großflächig aus.

3 Kleinere Farbtupfer mit dem feinen Pinsel auftragen und mit Glitter verschönern.

Wilder Tiger

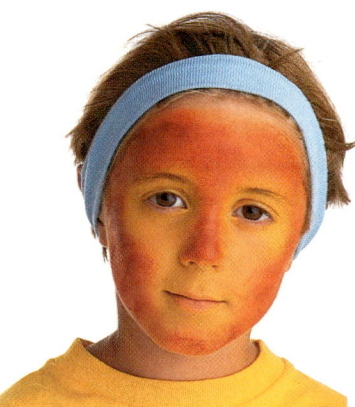

Dicke schwarzweiße Streifen

Dünne schwarze Barthaare

Flaumige weiße Schnauze

1 Verreibe mit dem Schwämmchen gelbe und orange Farbe aufs Gesicht deines Freundes.

2 Ist die Farbe trocken, male ihm ausfächernde Augen und das Tigermaul mit weißer Farbe auf.

3 Schwarze Farbe auf Mund und Nasenspitze auftragen, die Augen schwarz markieren – fertig!

Rasch verkleidet

Mit etwas Phantasie und dem Inhalt deiner Resteschachteln ist in kurzer Zeit eine Maskerade fertig, die aus dir eine ganz andere Person macht. Wie wäre es mit einem Detektiv, einem Filmstar oder dem Weihnachtsmann? Dann fehlt nur noch der passende Hut, und schon erkennt dich kein Mensch wieder.

Handwerkszeug

Schere   *Bleistift*

Du brauchst

Vorlage für Brille / Augenklappe (siehe S. 62-63)

Eine alte Sonnenbrille

Watte

Rotes Papier

Rosa Glanzpapier

Weißes Tonpapier

Orangefarbenes Papier

Schwarzes Tonpapier

Eine Tube starken Alleskleber mit Tülle

Dünnes Gummiband

Bunte Pailletten

Farbigen Glitter

Rotes Transparentpapier

Falsche Nasen

Augenklappen

1 Nimm farbiges Papier und schneide eine Drachenfigur aus (länger als deine Nase), in der Mitte falten. Du kannst auch runde Nasenlöcher hineinschneiden.

2 Fädle das Gummiband, das bequem um deinen Kopf passen sollte, durch zwei Löcher oben an der Nase und verknote die beiden Enden.

Pause die Augenklappe von der Schablone (S. 63) ab und schneide sie aus. Mit Glitter bekleben. Wie bei der falschen Nase ein Gummiband anbringen.

Detektiv

Schneide nach der Schablone (S. 62) eine Brille aus Karton aus. Klebe eine falsche Nase daran fest und daran dann einen Schnauzbart aus Tonpapier.

Berühmter Filmstar

Brillen-glas

Schneide eine Sonnenbrille zu. Aus Transparentpapier Brillengläser aus-schneiden und hinten an das Gestell kleben. Vorne mit Glitter verzieren.

Weihnachtsmann

Male einen Vollbart auf weißes Tonpapier und schneide ihn aus. Mit Wattebällchen bekleben und seitlich ein Gummiband befestigen, genau wie bei der Nase.

Fix und fertig

Mit diesen Utensilien bist du bestens getarnt. Sie sind mühelos und schnell gebastelt. Du kannst auch zwei Teile miteinander kombinieren, und mit einem der Hüte von Seite 15 bist du so gut wie unkenntlich.

Falsche Nase

Detektiv-gesicht

Schnauzbart

Falsche Nase

Alte Sonnenbrille

Allround-Verkleidung

Filmstarbrille

Pailletten

Mit Glitter beklebtes Gestell

Brillengläser aus Transparentpapier

Piraten-Augenklappe

Augenklappe mit Glitter

Falsche Nase aus Glanzpapier

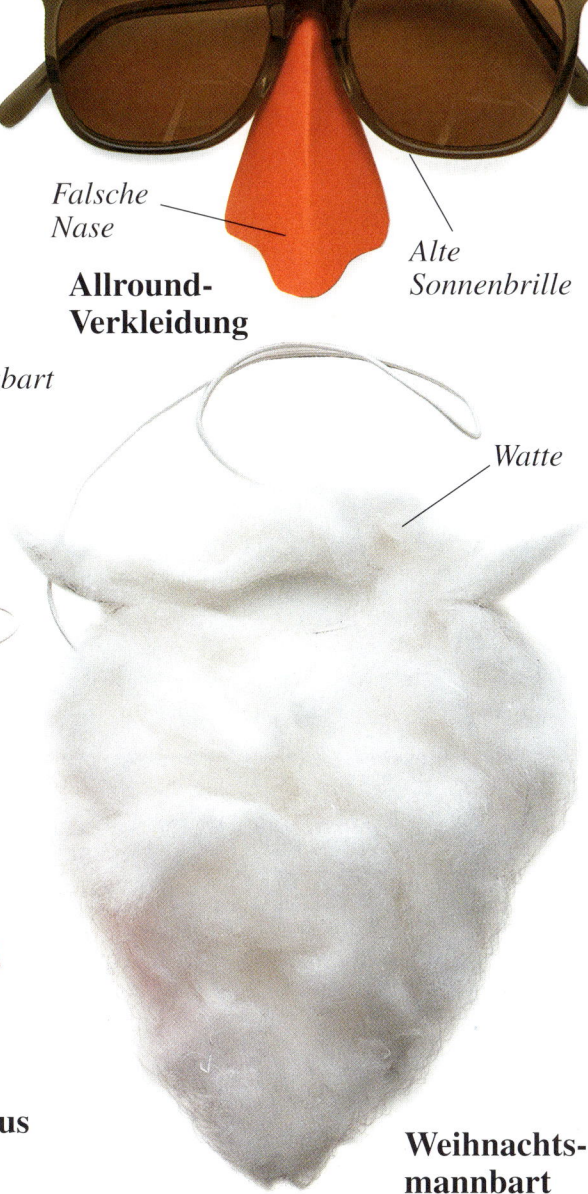

Watte

Weihnachts-mannbart

Jede Menge Hüte

Sich mit Hüten in allen Größen und Formen zu verkleiden macht einen Heidenspaß. Mit einem Hut auf dem Kopf fühlt man sich gleich als anderer Mensch. Für die hier gezeigten Exemplare braucht man nur dünnen Karton und ein paar Zutaten. Bevor du den Zylinder und den „Strohhut" bastelst, mußt du zuerst deinen Kopfumfang messen.

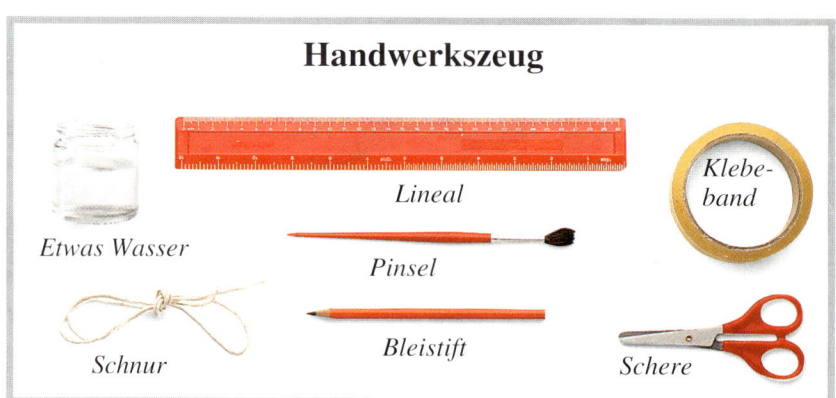

Handwerkszeug

Etwas Wasser — *Lineal* — *Klebeband* — *Pinsel* — *Schnur* — *Bleistift* — *Schere*

Du brauchst

Dünnen Karton, schwarz, weiß und gelb

Plakafarben

Seidenpapier in Grün, Gelb, Rosa und Blau

Grünes Band

Seidenschal

Kopfumfang messen

Wickle einen schmalen Streifen Karton um deinen Kopf. Klebe die überlappenden Enden aufeinander. Nun hast du deinen Kopfumfang.

2 Schneide einen etwa 16 cm breiten Streifen aus schwarzem Karton zu. Lege ihn an den Innenrand des Zylinders und klebe ihn gut fest. Überstehende Enden aufeinanderkleben.

Zylinder

1 Klebe einen Streifen auf einen Karton. Zeichne die Innenseite nach, ziehe 5 cm vom ersten Kreis einen zweiten. Schneide den Streifen entlang der zwei Kreise aus.

Strohhut

Der Kopfteil, der in den Innenrand geklebt wird, ist diesmal nur 7,5 cm breit und besteht aus weißem Karton, ebenso wie die Krempe. Bemale den Hut mit dicken bunten Strichen.

Sonnenhut

1 Zeichne für die Krempe einen Kreis mit 17 cm, einen zweiten mit 42 cm Durchmesser (siehe S. 60). Schneide die Krempe aus.

2 Falte ein Stück Seidenpapier in der Mitte und schiebe es durch die Hutöffnung. Schneide innen überlappende Teile ab und klebe das Papier fest.

3 Stecke den Schal quer über dem Hut fest. Kleine Vierecke aus Seidenpapier werden zu Blumen gefaltet und rund um den Hut geklebt.

Hutparade

So sehen die fertigen Hüte aus. Versuche auch andere Modelle: einen Hexenhut, eine Krone oder einen riesigen Sombrero.

Strohhut

Dicke gelbe, rote und blaue Streifen

Zylinder

Klebe ein breites Band um den Hutrand, damit man den Falz nicht sieht.

Blumen aus zerknülltem Seidenpapier

Sonnenhut

Zerknülltes Seidenpapier

Ein farblich abstechendes Viereck unter dem Hutband verleiht dem Zylinder etwas Farbe.

Der Seidenschal wird unter dem Kinn verknotet.

Gelbe Krempe

15

Massenhaft Masken

Wie wäre es mit einer Maske für ein Kostümfest, für ein besonderes Spiel oder einfach nur so zum Spaß? Masken, die das ganze Gesicht bedecken, machen dich unkenntlich. Für diese Masken hier brauchst du nur Pappteller und Papierschnipsel. Willst du lieber die hier gezeigten Masken nachbasteln, oder hast du noch andere Ideen?

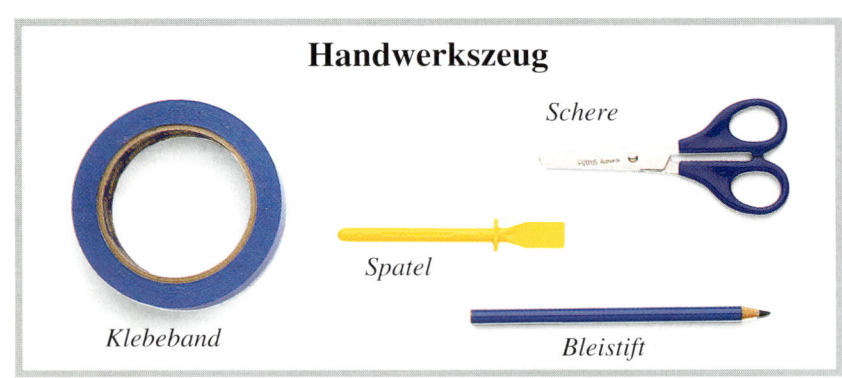

Handwerkszeug

Schere

Spatel

Klebeband

Bleistift

Du brauchst

Buntes Papier

Weiße Pappteller

Farbiges Seidenpapier

Bastelkleber

Glitter

Weißes Kreppapier

Weiße Plastikbecher

Gummiband

Seiten aus alten Illustrierten

Rotaugenfrosch

Beklebe den Papierteller mit grünem und gelbem Seidenpapier. Schneide Nasenlöcher ein. Die Böden zweier mit Seidenpapier beklebter Becher sind die Augen.

Harlekinmaske

Reiße farbiges Seidenpapier in Rauten; klebe diese auf die Rückseite eines Tellers. Schneide zwei Augen ein und klebe einen schwarzen Papiermund auf.

Löwe Leo

Beklebe einen Teller mit orange-gelben Zeitschriftenschnipseln. Braune Seidenpapierstreifen bilden die Mähne. Markiere Augen und Mund mit schwarzem Papier.

Eisbär

Klebe den Boden eines Joghurtbechers in die passend zugeschnittene Öffnung des Papptellers. Beklebe das „Bärengesicht" mit zerknüllten Schnipseln aus Seidenpapier.

Paradiesvogel

Klebe zwei gefaltete Papierdreiecke als Schnabel an den Teller. Beklebe die Maske mit Seidenpapier. Verschönere sie mit Glitter und Federn aus Seidenpapier.

Am Gummiband

Bohre ein Loch auf beide Seiten der Maske. Ein Gummiband, das bequem um deinen Kopf paßt, wird dann hier verknotet.

Rotaugen-frosch

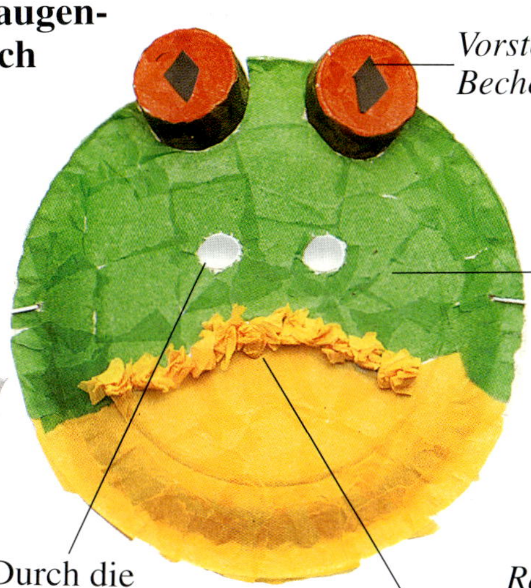

Vorstehende Becheraugen

Grünes Seidenpapier

Durch die „Nasenlöcher" kannst du sehen.

Mund aus zerknülltem Papier

Löwe Leo

Mähne aus braunen Papierstreifen

Barthaare aus weißem Papier

Maul aus schwarzem Papier

Eisbär

Dunkle Schnauzen-spitze

Schnauze aus einem mit Papier beklebten Plastikbecher

Maskenball

So sehen die fertigen Masken aus. Nach dem Tragen kannst du sie am Gummiband an der Wand deines Zimmers aufhängen.

Harlekin-maske

Rauten aus Seidenpapier

Mund aus schwarzem Papier

Paradies-vogel

Glitter

Federn aus Sei-denpapier

Federn aus blau-em Sei-denpa-pier

Mit rosa Papier beklebte Ohren, die außen mit weißen Krepp-papierbällchen beklebt sind.

Augen aus gelbem Karton

Gefalteter Pappschna-bel

17

Süße Leckereien

Kann man einen verregneten Nachmittag vergnüglicher gestalten, als leckere Sachen zu zaubern, die auch andere erfreuen? Hier erfährst du, wie man Pfefferminztaler, rosa Zuckermäuse und Marzipankonfekt herstellt. Wenn du umblätterst, kannst du die fertigen Leckereien sehen.

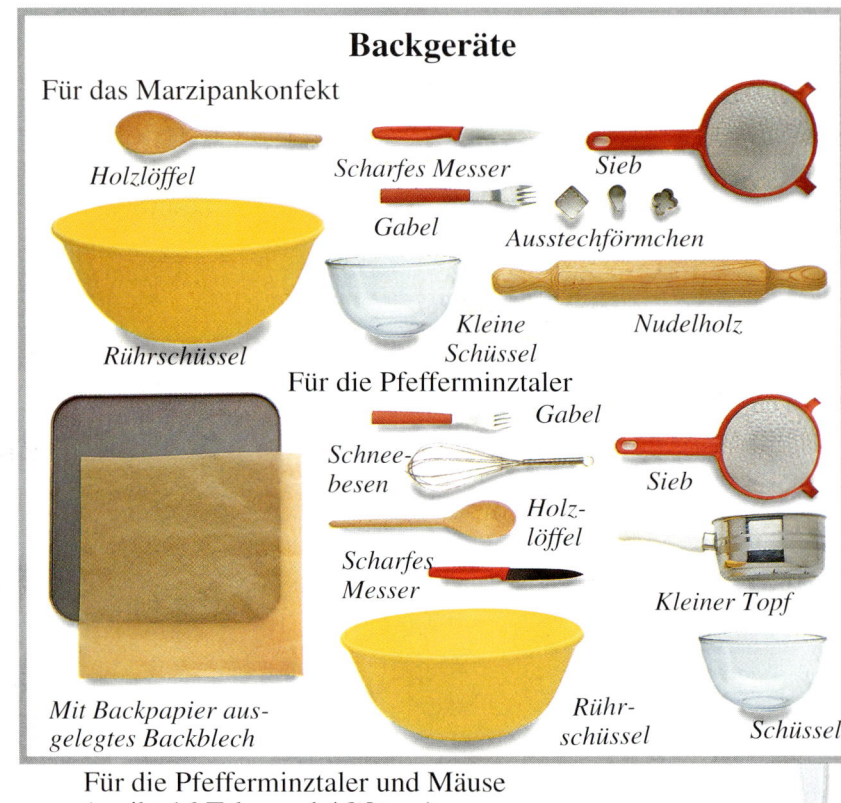

Backgeräte

Für das Marzipankonfekt

Holzlöffel

Scharfes Messer

Sieb

Gabel

Ausstechförmchen

Rührschüssel

Kleine Schüssel

Nudelholz

Für die Pfefferminztaler

Gabel

Schnee-besen

Sieb

Holz-löffel

Scharfes Messer

Kleiner Topf

Mit Backpapier aus-gelegtes Backblech

Rühr-schüssel

Schüssel

Du brauchst

Für das Marzipankonfekt

115 g Puderzucker

Rosa Lebensmittelfarbe

115 g weißen Zucker

225 g gemahlene Mandeln

Grüne Lebensmittel-farbe

1 Ei

1 Eigelb extra

3 Tropfen Vanillearoma

1 Teelöffel Zitronensaft

Lakritze

Belegkirschen

Für die Pfefferminztaler und Mäuse
(ergibt 16 Taler und 4 Mäuse)

55 g Bitterschokolade

1 Eiweiß

Rosa Lebensmit-telfarbe

340 g Puderzucker

Rosinen

Ein paar Tropfen Pfefferminzextrakt

4 geschälte Erdnüsse

Lakritze

So wird Pfefferminzteig zubereitet

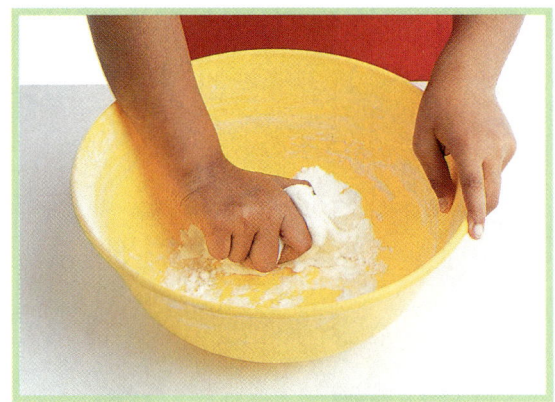

1 Gib das Eiweiß in die Rührschüssel und schlage es mit dem Schnee-besen, bis es leicht schaumig, aber noch nicht steif ist.

2 Gib den Puderzucker durch ein Sieb dazu. Dann rühre so lange mit dem Holzlöffel, bis die Mischung steif ist.

3 Füge ein paar Tropfen Pfefferminzex-trakt hinzu, knete den Teig gut durch. Je mehr Extrakt du nimmst, desto inten-siver wird der Pfefferminzgeschmack.

Schoko-Pfefferminz-Taler

4 Forme die Hälfte dieses Teigs zu 16 Kügelchen und lege sie auf das Backblech. Mit einer Gabel flachdrücken und 24 Stunden ruhen lassen.

5 Am nächsten Tag zerbröckelst du Bitterschokolade in der kleinen Schüssel. Stelle sie in einen Topf mit siedendem Wasser, bis die Schokolade schmilzt.

6 Tauche jeden Pfefferminztaler in die geschmolzene Schokolade, und lege ihn zum Trocknen auf das Blech zurück.

Zuckermäuse

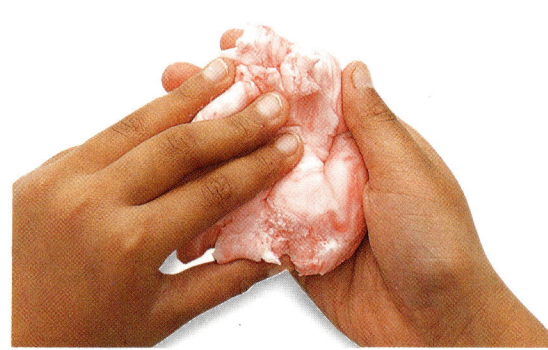

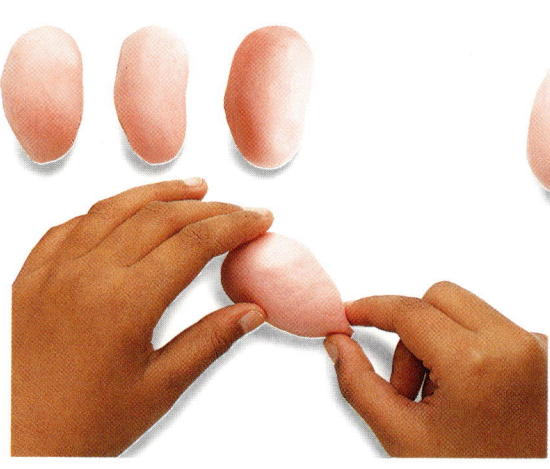

1 Die andere Hälfte des Pfefferminzteigs wird mit der rosa Lebensmittelfarbe verknetet und dann in vier Teile geteilt.

2 Forme aus jedem Viertel eine längliche Form und drücke ein Ende davon zu einer spitzen Schnauze.

3 Zwei Rosinen bilden die Augen, zwei Erdnußhälften die Ohren. Ein Lakritzstreifen bildet den Schwanz.

Marzipanteig

1 Siebe den Puderzucker in die Rührschüssel. Füge den weißen Zucker und die gemahlenen Mandeln hinzu. Gut mischen!

2 Verrühre Ei, Eigelb, Zitronensaft und Vanillearoma in der kleinen Schüssel und gib diese Zutaten zur Zucker-Mandeln-Mischung.

3 Knete diesen Teig, bis er weich und geschmeidig wird. Falls er zu klebrig ist, füge einfach etwas Puderzucker hinzu.

Das fertige Konfekt

Eine Verlockung

Dekoriere die fertigen Naschereien auf einem großen Teller oder einer Platte. Hier unten sind alle Süßigkeiten einzeln beschrieben.

Marzipan färben

Teile den Marzipanteig in drei Teile. Ein Teil bleibt, wie er ist, einer wird mit Lebensmittelfarbe rosa und der andere grün gefärbt.

Ausstechen

Rolle einen Teil des Marzipans mit dem Nudelholz aus, bis es 0,5 cm dick ist. Mit den Förmchen werden Figuren wie Blumen und Schmetterlinge ausgestochen.

Pfefferminztaler

Bitter-schokolade

Rillenmuster, mit der Gabel eingedrückt

Rosa Zuckermaus

Rosinenaugen

Erdnuß-hälften

Lakritze

Marzipanringe

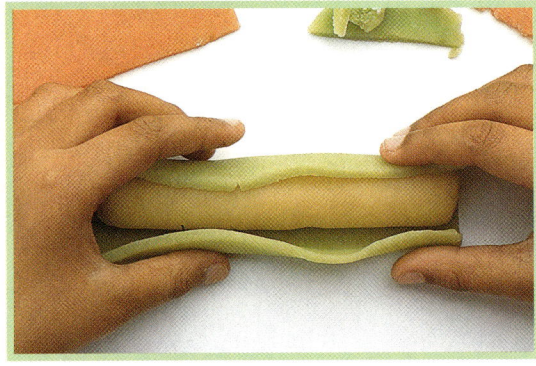

1 Drücke das ungefärbte Marzipan zu einem Würstchen. Rolle das grüne und das rosa Marzipan zu einem Rechteck aus.

2 Rolle zuerst das grüne, dann das rosa Rechteck um das Würstchen. Begradige die Enden, schneide die Rolle in Scheiben, und schon sind die Marzipanringe fertig.

Marzipan-schmetterling

Körper und Fühler aus Lakritze

Marzipan-kügelchen

Marzipanträne

Schachbrett-Taler

1 Du brauchst sechs gleich große Teile Marzipan, zwei von jeder Farbe. Forme daraus lange Würstchen und drücke drei verschiedenfarbige davon aneinander.

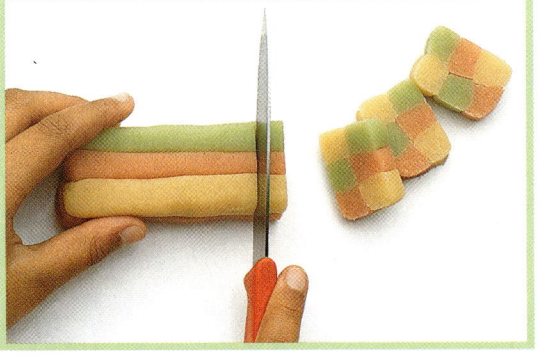

2 Die übrigen Würstchen werden angepreßt (keine gleichen Farben aneinanderlegen). Drücke die Enden flach und schneide die Rolle in Scheiben.

Schachbrett-Taler

Marzipanringe

Drei Ringe aus farbigem Marzipan

Marzipanblume

Stück einer Belegkirsche

Muffins in Hülle und Fülle

Die in Amerika heißgeliebten Muffins sind rasch zubereitet und schmecken ofenwarm am besten. Versuche es zuerst mit einem der hier gezeigten Rezepte wie weiße Schokolade-Erdbeere, Orange-Mohn oder Apfel-Zimt. Du kannst den Grundteig auch mit anderen Zutaten kombinieren. Die angegebene Menge reicht für 12 Muffins.

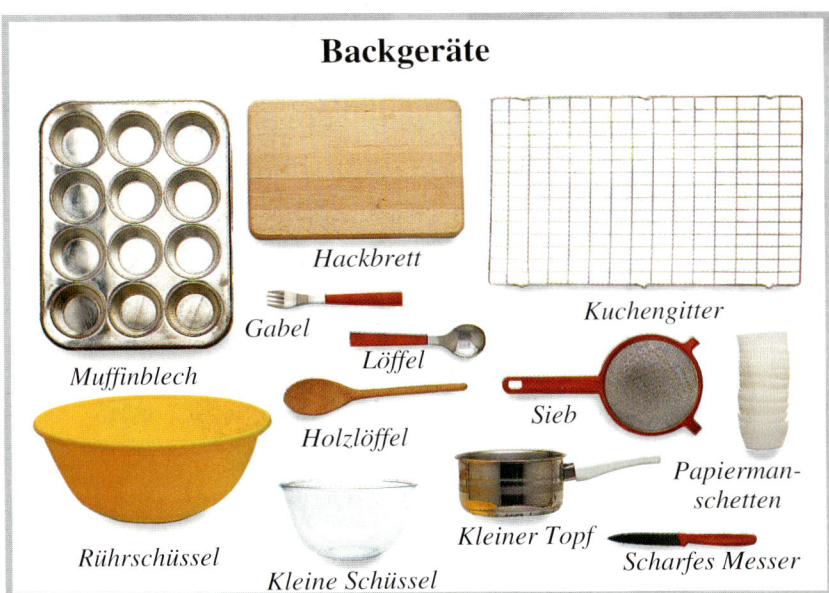

Backgeräte

Hackbrett

Kuchengitter

Gabel

Löffel

Muffinblech

Holzlöffel

Sieb

Papiermanschetten

Rührschüssel

Kleine Schüssel

Kleiner Topf

Scharfes Messer

Du brauchst

Für den Grundteig

240 ml Milch

85 g braunen Zucker

2 Eier

1 gestrichenen Teelöffel Backpulver

1 Prise Salz

55 g Butter

285 g Weizenmehl

Für die Schokolade-Erdbeer-Muffins

140 g Erdbeeren

55 g weiße Schokostreusel

Für die Apfel-Zimt-Muffins

1 Teelöffel Zimt

1 großen Apfel

Für die Orange-Mohn-Muffins

Saft und geriebene Schale einer Orange*

1 Eßlöffel Mohn

So wird's gemacht

1 Lege die Papiermanschetten auf das Blech. Heize den Ofen auf 200 °C (Gas Stufe 6) vor. Die Butter im Topf schmelzen, dann etwas abkühlen lassen.

2 Mehl, Backpulver, Salz, Zucker und Zimt (falls du die Apfel-Zimt-Muffins machst) in die Rührschüssel sieben und gut verrühren.

3 Schlage die Eier in der Schüssel. Gib Milch (und eventuell Orangensaft) dazu und verrühre sie mit den Eiern. Füge die geschmolzene Butter hinzu.

* Für die Orangenmuffins reichen 120 ml Milch.

4 Den geschälten Apfel (oder die Erdbeeren) kleinhacken. Mit den übrigen Zutaten und der Eimasse in die Schüssel zu dem Mehl geben.

5 Alle Zutaten werden gut verrührt und dann in die Papiermanschetten gegeben – Backzeit: 25 bis 30 Minuten.

6 Die Muffins sind fertig, wenn sie aufgegangen und schön goldbraun sind. Zum Abkühlen werden sie vorsichtig auf ein Kuchengitter gestellt.

Verlockende Versuchung

Noch ofenwarm schmecken Muffins am besten. Sollten jedoch noch welche übrigbleiben, kann man sie in einer luftdichten Blechdose im Kühlschrank oder an einem kühlen Ort aufbewahren. Dann bleiben sie mehrere Tage frisch.

Apfel-Zimt-Muffin

Orange-Mohn-Muffin

Schokolade-Erdbeer-Muffin

Hübsch serviert
Noch verlockender sehen die Muffins aus, wenn sie auf einem Zierdeckchen serviert werden. Nimm ein quadratisches, 30 cm breites Backpapier und falte es zweimal in der Mitte. Schneide mit der Schere gegenüber der Spitze zuerst eine Rundung ein, dann etliche kleine Zierlöcher. Wenn du das Papier wieder auseinanderfaltest, kommt ein schönes Muster zum Vorschein.

Wunderschöner Schmuck

Toller Schmuck muß nicht immer aus Gold und Edelsteinen bestehen. Aus Papier und einigen Kleinigkeiten kann man wunderschöne Halsketten, Armbänder und Ohrringe herstellen. Sammle Knöpfe, Perlen, glänzende Bonbonpapiere und Bänder. Mit Pailletten und Glitter entstehen daraus im Nu tolle Sachen.

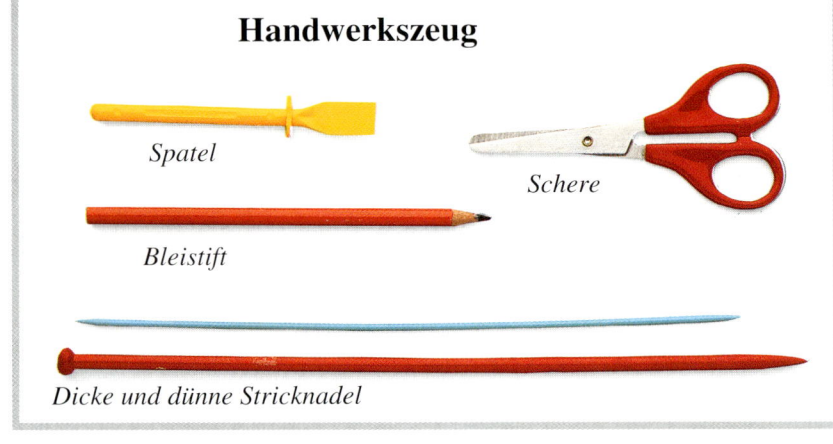

Handwerkszeug

Spatel

Schere

Bleistift

Dicke und dünne Stricknadel

Du brauchst

Für den Rollperlen-Schmuck

Für den Glitzerschmuck

Schmales Geschenkband

Wellpappe

Goldpapier

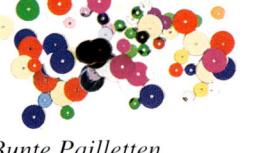

Bunte Pailletten

Broschennadeln

Farbiges Papier verschiedener Stärke

Seiten von Illustrierten

Kleine flache Holzperlen

Klebestift

Bastelkleber

Ohrclips

Farbige Folie oder Bonbonpapierchen

Rollperlen-Schmuck

1 Schneide jede Menge schmale, 30 cm lange Dreiecke aus den Zeitschriftenblättern und farbigem Papier aus.

2 Bestreiche die spitze Seite jedes Dreiecks mit Kleber. Dann wickle es, angefangen am breiten Ende, um eine Stricknadel.

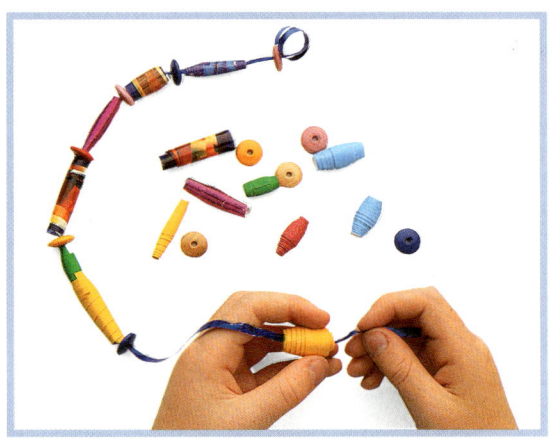

3 Hast du genügend „Papierperlen" fertig, fädle sie, immer abwechselnd mit einer Holzperle, auf ein schmales Band und verknote es.

Glitzernder Schmuck

1 Schneide aus Wellpappe Herzchen und Vierecke aus. Schneide aus Goldpapier dieselben Formen zu und klebe sie auf die Wellpappe.

2 Reiße die Folie und Bonbonpapierchen in kleine Stückchen und klebe sie auf das Goldpapier. Verziere die Schmuckstücke mit Pailletten.

3 Bohre ein kleines Loch in das fertige Stück. Hänge es an einem schmalen Band auf: Die Halskette ist fertig. Oder klebe es an einen Ohrclip oder eine Broschennadel.

Prunkvolle Schmuckkollektion

In allen Farben des Regenbogens funkelt der fertige Schmuck. Laß deiner Phantasie freien Lauf. Verwende auch andere Formen und Farben für den Glitzerschmuck und verschiedene Papiersorten für den Rollperlen-Schmuck.

Rautenförmiger Ohrclip

Bastle zur Halskette passende Ohrringe.

Rote Folie

Große Paillette

Schmales grünes Band

Schmales blaues Band

Flache Holzperle

Um die Halskette zu tragen, brauchst du nur das Band im Nacken zu verknoten.

Kleine Paillette

Riesige Herzbrosche

Runde Holzperle

Gold-papier

Glitzernde Halskette

„Perle" aus Glanzpapier

Halskette aus Rollperlen

Bunte Papierperle

„Perle" aus einer Illustriertenseite

Flache Holz-perle

Mache eine hübsche Schleife an dein Armband

Armband aus Rollperlen

Salzteigfiguren

Salzteig ist schnell gemacht, und man kann alles mögliche daraus formen. Die geformten Teile werden im Ofen gebacken (dabei muß dir ein Erwachsener zur Hand gehen) und dann bunt bemalt. Hier erfährst du, wie man poppige Serviettenringe, winzige Ziertöpfe, tolle Schlüsselanhänger und Anstecknadeln bastelt.

Du brauchst

Handwerkszeug

Rührschüssel

Etwas Wasser

Kuchengitter

Holzstäb-chen

Messer

Backblech

Dünner und dicker Pinsel

200 ml Wasser

1 Eßlöffel Pflanzenöl

300 g Mehl

300 g Salz

Klarlack

Schlüsselringe

Plakafarben

Große Plastikklammern

So geht man vor

1 Heize den Ofen auf 180 °C vor (Gas Stufe 4). Verrühre Mehl, Salz, Öl und Wasser zu einem weichen Teig. Wenn nötig, noch etwas Wasser hinzufügen.

2 Bestreue die Tischplatte mit etwas Mehl. Darauf knetest du den Teig mit den Händen, bis er geschmeidig ist.

3 Nun kannst du alle gewünschten Formen modellieren und die Einzelteile mit etwas Wasser zusammenkleben. Löcher werden mit dem Holzspieß gemacht.

Bunte Fischlein
Deine Fische kannst du verschenken – als Kühlschrank-Magnet, Schlüsselring oder Papierklammer.

4 Für ein Mini-Töpfchen brauchst du einen runden Boden und eine lange Teigrolle. Wickle diese kreisförmig empor (Backzeit ca. 20 Minuten).

5 Laß die Figuren auf einem Kuchengitter abkühlen. Bemale sie nach Lust und Laune. Wenn die Farbe getrocknet ist, überziehe sie mit Klarlack.

Klammer mit Fisch

Dieser Fisch ist an einem kleinen Magneten befestigt.

Eisschrank-Magnet

Miniteller mit Törtchen

Miniteller mit deiner Leibspeise

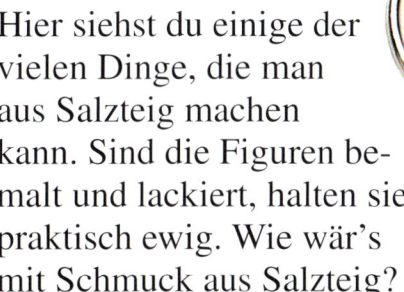

Unverwüstlich
Hier siehst du einige der vielen Dinge, die man aus Salzteig machen kann. Sind die Figuren bemalt und lackiert, halten sie praktisch ewig. Wie wär's mit Schmuck aus Salzteig?

Schlüsselring

Binde den Fisch an einen Schlüsselring.

Mini-Obstschale

Miniatur-Teller
Klebe deine Teller an eine Sicherheitsnadel, und schon hast du eine hübsche Anstecknadel.

Jedes Familienmitglied bekommt „seinen" Serviettenring.

Bemale deine Töpfchen mit bunten Mustern.

Hübsche Töpfchen
In diesen Töpfen kann man seine Schätze aufbewahren.

Serviettenringe
Diese Ringe sind ein toller Tischschmuck. Du kannst aber auch Armreife basteln.

Anpflanzen

Ein prächtiger Garten kann überall wachsen.
Pflanzen kann man in Töpfen und
Blumenkästen auch im Haus züchten. Je
schneller du sie pflanzt, desto eher kannst du ihr
Gedeihen beobachten. Auf diesen Seiten
bekommst du jede Menge Anregungen.

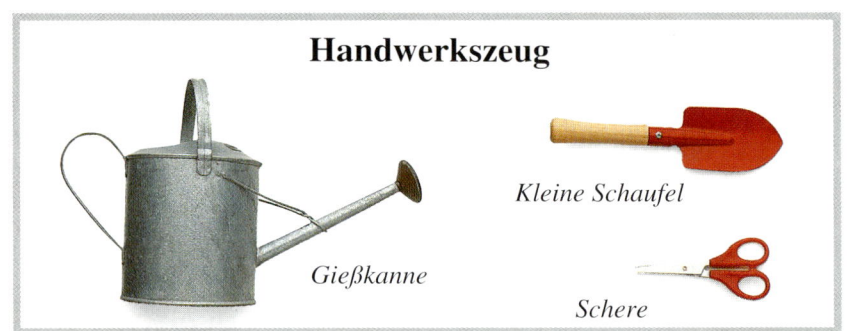

Handwerkszeug

Kleine Schaufel

Gießkanne

Schere

Du brauchst

Die Grundlagen

Blumenerde*

*Kies oder
Lehmkügelchen*

*Modellier-
masse*

*Nähr-
lösung*

Blumentöpfe aus Ton oder Plastik

Untersetzer

*Blumenkasten aus Kunststoff
mit Löchern im Boden und
Untersetzer*

*Blumenkasten aus Ton
mit Löchern im Boden*

Für einen unvergänglichen Garten

*Getrocknetes
Moos*

*Getrocknete
Röschen*

*Getrockneten
Lavendel*

Für einen Blumengarten

Efeu

Geranien

*Fleißiges
Lieschen*

Für einen Kräutergarten

*Junge
Kräuter*

Für einen Obstgarten

*Junge
Erdbeer-
pflanzen*

*Schildchen zum
Beschriften*

*Petunien, gestreift oder
einfarbig*

* Blumenerde ist besser als normale Gartenerde.

So gehst du vor

1 Fülle den Boden des Blumenkastens oder Topfs mit einer Schicht Kies, damit überschüssiges Wasser abfließen kann.

2 Fülle das Gefäß zur Hälfte mit Blumenerde. Falls die Erde sehr trocken ist, feuchte sie etwas an, bevor du mit dem Eintopfen beginnst.

Umpflanzen

Stelle die Pflanze so in den neuen Topf, daß die Unterseite des Stengels genau unterhalb des Topfrands ist. Fülle seitlich Blumenerde auf und drücke sie leicht an.

Ein prächtiger Blumengarten

1 Nimm die Blumen aus den alten Töpfen und überlege dir, wie du sie anordnest. Beginne mit den größten Pflanzen. Sie kommen hinten gut zur Geltung.

2 Davor kommen die Kriechpflanzen. Es sieht hübsch aus, wenn sie über den Rand hinauswachsen.

3 Setze nun die übrigen Pflanzen ein. Fülle die Lücken zwischen den einzelnen Pflanzen mit Blumenerde, die du leicht andrückst.

Ein immergrüner Garten

1 Drücke ein Stück Modelliermasse auf den Boden eines kleinen Blumentopfs, damit die Trockenblumen einen Halt haben.

2 Schneide die Stiele der Trockenblumen auf die passende Länge. Ordne sie hübsch an und drücke ihre Stiele sacht in die Modelliermasse.

3 Wenn alle Trockenblumen hineingesteckt sind, lege etwas Moos um den Topfrand, damit es so aussieht, als seien die Blumen natürlich gewachsen.

Prächtige Miniaturgärten

Diese Töpfe und Kästen mit ihren farbenprächtigen Blütenpflanzen werden jeden Raum und jeden Garten verschönern. Wähle einen sonnigen, geschützten Standplatz für die Pflanzen, zum Beispiel innen oder außen am Fenster. Ein Blumenkasten ist oft recht schwer, also laß ihn besser von einem Erwachsenen tragen.

Rosengesteck

Lavendel- und Rosengesteck

Lavendelgesteck

Blumentopf aus Ton

Getrocknete Rosen

Getrockneter Lavendel

Moos

Immergrüne Pflanzen

Diese hübschen Trockenblumengestecke halten jahrelang. Man darf sie jedoch nicht direkt in die Sonne stellen, sonst verblassen die Farben.

Efeu

Majoran

Efeu mit grün-weißen Blättern

Rote Geranien

Gelbe Plastiktöpfe

Pro Pflanze ein Topf

Falls du keinen Blumenkasten zur Hand hast, setze die Pflanzen doch einfach in gleiche Töpfe. Nebeneinandergestellt sieht das toll aus.

Bemalte Töpfe

Einzelne Pflanzen kommen in schön bemalten Töpfen gut zur Geltung. Wie Töpfe und Untersetzer bemalt werden, erfährst du auf Seite 32.

Diese weiße Blüte wird ihre Blätter verlieren, sobald der Fruchtknoten wächst und zu einer Erdbeere heranreift.

Erdbeerpflanzen

Winzige, noch unreife Erdbeere

Rote Petunie

Erdbeerbeet

Im Frühsommer werden diese Erdbeerpflanzen noch immer blühen, aber wenn du genau hinsiehst, kannst du feststellen, daß sich schon kleine, grüne Erdbeeren gebildet haben. Bald werden sie reif sein. Wenn sie rot sind, können sie gepflückt werden.

Kletterefeu

Grüner Blumenkasten aus Plastik mit Untersetzer

Weißer Blumenkasten aus Plastik mit Untersetzer

Kräutergarten

Frische Kräuter am Küchenfenster sehen nicht nur hübsch aus, sie riechen auch angenehm. Man sollte sie öfter zurückschneiden. Wenn du deinen Kräutergarten ins Freie stellst, wird er Bienen und Schmetterlinge anlocken.

Sommergarten

Diese farbenprächtigen Blumen werden den ganzen Sommer hindurch blühen. Sie sollten einmal täglich gegossen werden, an heißen Tagen auch öfter. Zupfe verwelkte Blüten ab, damit die Pflanzen länger blühen.

Schnittlauch

Majoran

Salbei

Petersilie

Minze züchten
Minze breitet sich rasch aus, es ist es ratsam, sie in einem eigenen Topf anzupflanzen.

Minze

Tontopf mit Untersetzer

Thymian

Dekorativer Blumenkasten aus Ton

Blumenpflege

Rote Geranie

Rotweiß gestreifte Petunien

Dunkelrote Petunie

Fleißiges Lieschen

1 Deine Blumen müssen bei schönem Wetter täglich gegossen werden. Die Erde sollte sich immer leicht feucht anfühlen.

2 Alle Pflanzen blühen länger und sehen auch gesünder aus, wenn du welke Teile regelmäßig abzupfst oder abschneidest.

31

Wunderschöne Blumentöpfe

Pflanzen sehen schöner aus, wenn du die Blumentöpfe bemalst. Du kannst sie einfarbig bemalen, aber auch mit Streifen oder einem Blumenmuster verzieren. Am besten sieht es aus, wenn du die Farbe dick aufträgst und einfache Muster wählst. Bemalte Töpfe sind auch eine originelle Geschenkidee.

Handwerkszeug

Feiner Pinsel

Dicker Pinsel

Unterteller

Etwas Wasser

Du brauchst

Plakafarben

Klaren, matten Acryllack

Saubere Tontöpfe

Passende Untersetzer

So gehst du vor

1 Rühre die gewünschten Farben auf einem Unterteller an. Mit dem dicken Pinsel werden große Flächen bemalt, mit dem dünnen zarte Muster hineingezogen.

2 Für die Streifenmuster bemalst du den Topf in der Grundfarbe. Warte, bis die Farbe trocken ist. Die Streifen werden dann darübergemalt.

3 Wenn alle Farben trocken sind, trage großzügig Klarlack auf. Dadurch werden die Töpfe wasserdicht, und die Farben können nicht verlaufen.

Man kann Töpfe aller Größen bemalen. In diesem kleinen Töpfchen wächst Kresse.

Blau-gelbe Kreation

Allzwecktöpfe

Hier eine Auswahl bemalter Töpfe und Vorschläge, wozu sie verwendet werden können. Man kann Zimmerpflanzen und Kräuter darin züchten, sie als Kerzenhalter verwenden oder als Tischabfallkorb. Falls dein Topf einen Untersetzer hat, bemale ihn im gleichen Stil.

Einfarbiger Topf

Dekorativer Kerzenhalter

Blümchen-muster

Tupfen-muster

Schotten-muster

Efeu

Hier wächst Majoran. Mehr über Kräuter auf Seite 31.

Das Innere ist in passender Farbe bemalt.

Streifenmuster auf Topf und Untersetzer

Rosa Tulpen-muster

Blumen pressen

Gepreßte Blumen und Blätter sehen wunderschön aus und halten sehr lange. Blumen mit flachen Köpfen eignen sich am besten. Nimm trockene, heile Blumen und Blätter und presse sie, bevor sie die Köpfe hängen lassen. Du kannst sie in ein Album kleben oder Bilder und Grußkarten daraus machen. Wie das geht, erfährst du auf dieser und den nächsten Seiten.

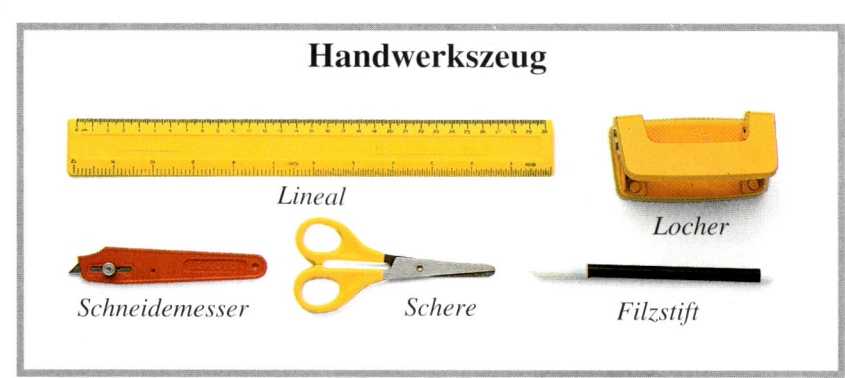

Handwerkszeug

Lineal

Locher

Schneidemesser

Schere

Filzstift

Du brauchst

Blumen und Blätter zum Pressen

Ein schweres Buch

Stiefmütter-chen

Storch-schnabel

Efeublätter

Immergrün

Margeriten

Akelei

Farn

Gelber Mohn

Heckenrose

Salbei

Hahnenfuß

Löschpapier

Ackerstief-mütterchen

Für die Blumenbilder

Petersilie

Bastelkleber

Wattestäbchen

Für das Blumenalbum

Wellpappe

Verschiedene Sorten Papier

Pergament- oder Butterbrotpapier

Schmales Band

Durchsichtige Plastikfolie

Tonpapier

Blumen pressen

1 Schneide das Löschpapier so zu, daß es genau so groß ist wie eine Doppelseite des schweren Buchs. Falte es in der Mitte.

2 Lege es auf das aufgeschlagene Buch. Ordne die Blumen und Blätter flach auf die rechte Seite und falte die linke Seite darüber.

3 Du kannst im selben Buch noch mehr Blumen pressen. Schließe es und lege Bücher darauf. Die Blumen müssen vier Wochen trocknen.

Das Blumenalbum

1 Welche Größe soll dein Album haben? Sobald du das weißt, bitte einen Erwachsenen, dir zwei Stück Wellpappe als Vorder- und Rückseite zuzuschneiden.

2 Schneide aus Papier und Pergamentpapier Vierecke zu, die etwas kleiner sind als die Außenseiten. Mit dem Locher je zwei Löcher hineindrücken.

3 Lege immer abwechselnd ein Blatt normales und Pergamentpapier zwischen die beiden Außenseiten und verbinde das Ganze mit zwei Bändern.

Blumenbilder

1 Schneide verschiedene Figuren aus weißem oder farbigem Tonpapier zu. Das werden deine Karten, Bilder, Lesezeichen und Geschenkanhänger.

2 Lege die gepreßten Blumen an die gewünschte Stelle. Betupfe sie auf der Rückseite mit Kleber und klebe sie vorsichtig fest.

3 Damit die Blumen geschützt sind, schneidest du Folie zu, etwas größer als das jeweilige Modell. Lege es glatt darüber. Klebe es auf der Rückseite an.

Blumenbilder

Gepreßte Blumen sind eine schöne Erinnerung an
die Pflanzen aus eurem Garten.
Außer Blumen kann man auch Blätter, Farne,
Moose, Samenkapseln und Kräuter*
pressen und sie in einem Blumenalbum
aufbewahren oder als Wandschmuck
aufhängen.

*Gepreßte Blumen sind sehr
zerbrechlich, deshalb beim
Ankleben vorsichtig anfassen!*

Blumenalbum
Fasse in deinem
Album verwandte
Pflanzen zusammen,
z. B. Kräuter.

*Pergament-
papier*

Blumen und
Blätter im
Mai

Naturalbum
Dein Naturalbum ist eine schöne
Erinnerung an den Wandel der
Jahreszeiten, wenn du die
entsprechenden Pflanzen Monat für
Monat sammelst und preßt. Selbst
im Winter findest du Pflanzen für
dein Album. Lege immer ein Blatt
Pergamentpapier zwischen die Seiten,
damit die Blumen nicht zusammenkleben.

* Denk daran – keine wildwachsenden, geschützten Pflanzen pflücken!

Blumenbild

Ordne einige gepreßte Blumen auf einem weißen Papier, das du dann auf einen etwas größeren, andersfarbigen Karton klebst. Ein auf der Rückseite angeklebtes Band dient als Aufhänger. Vielleicht kannst du aus deinen Blumen sogar ein Bild zusammenstellen.

Lesezeichen

Aus einem Streifen Karton wird ein Lesezeichen. Überziehe es mit Plastikfolie, damit die aufgeklebten Blumen intakt bleiben.

Buch-deckel aus Well-pappe

Rahmen aus grau-em Karton

Durch einen Schlitz im Buch-deckel wird ein Band gezo-gen, das das Album zusammenhält.

Breites gelbes Band

Geschenkanhänger

Klebe gepreßte Pflanzen auf einen quadratischen Karton. Bohre ein Loch in eine Ecke und zieh ein Band hindurch.

Überziehe den Anhän-ger mit Plastikfolie.

Im Freien gesammelt

Bei Spaziergängen im Wald oder am Meer solltest du stets Ausschau halten nach interessant aussehenden Sachen wie Treibholz oder Ästen, Steinen und Muscheln, Blättern und Samenkapseln. Daraus kann man die tollsten Spielsachen basteln. Hier ein paar Vorschläge für lustige Gesichter, Schlangen, Boote und ein kleines Gefährt. Wenn du umblätterst, siehst du die fertigen Modelle.

Muscheln

Federn

Du brauchst

Pinsel

Modellier-masse

U-Nägel

Abgeschliffene Glasscherben (vom Strand)

Schere

Plakafarben

Starken Alleskleber mit Tülle

Bast

Zweige

Bindfaden

Immergrüne Blätter

Interessant aussehende Zweige und Treibholzstücke

Tannen- und Kiefernzapfen

38

Lustiges Gesicht

Ein flaches Holzstück bildet das Gesicht. Klebe kleine Steine, Tannenzapfen oder Muscheln als Augen, Nase und Mund auf. Haare sind Federn oder Schnüre.

Ringelschlange

Bitte einen Erwachsenen, unebene Stellen an deinem Ast abzuschneiden. Bemale den Ast mit einem Schlangenmuster und vergiß vorne das Gesicht nicht.

Muschelboot

Drücke etwas Modelliermasse in deine Muscheln. Verstärke je ein Blatt mit einem Holzstäbchen und stecke dies als Segel in die Modelliermasse.

Alter Kahn

Mast

Takelage   *Korkring*   *Rahnock*

Mast

Bugspriet

1 Ein Erwachsener bohrt Löcher in die Schmalseite eines Holzstücks. Stöckchen in den Löchern sind die Masten. Ein Federkiel stellt den Bugspriet dar.

2 Binde Stöckchen als Rahnocke an die Masten. Klebe einen Korkring oben an die Masten. Als Takelage werden sie mit einem Bindfaden verbunden.

Mit Bast verschnürtes Reisigbündel

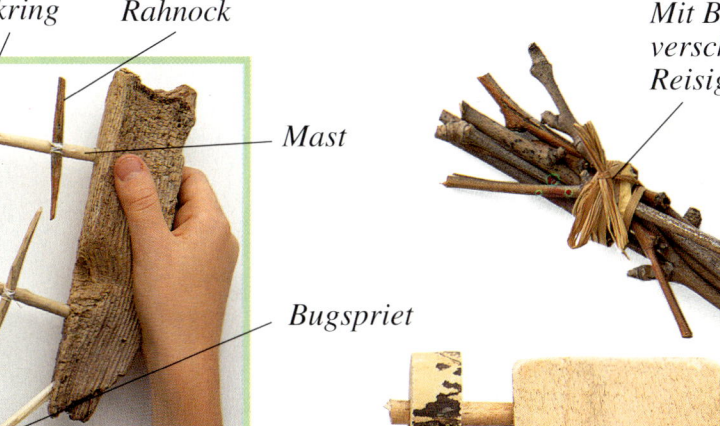

Zum Ziehen die Schnur an ein Stöckchen binden

Steinzeit-Vehikel

Wagen-achse

Achse

1 Bitte einen Erwachsenen, von einem Stock vier Scheiben abzusägen und jeweils ein Loch in die Mitte zu bohren. Klebe vier „Räder" an zwei Stöckchen.

2 Nimm ein flaches, rechteckiges Holzstück. Laß auf einer Seite ein Loch bohren. Befestige die beiden Achsen mit U-Nägeln an dem Holzstück.

3 Nimm ein Stück Schnur. Verknote das eine Ende mit dem Vehikel, an das andere binde ein Stöckchen. Verschnüre ein Bündel Reisig und lege es auf den Wagen.

Tolles aus Naturmaterialien

Lustige Gesichter
Die beiden hier abgebildeten Gesichter bestehen aus Treibholz. Experimentiere ein bißchen herum, ehe du Augen, Nase usw. aufklebst.

So sehen die fertigen Modelle aus. Außerdem siehst du links noch eine weitere Figur. Bestimmt fallen dir noch andere Variationen ein. Es hängt nur davon ab, welche Materialien du gesammelt hast.

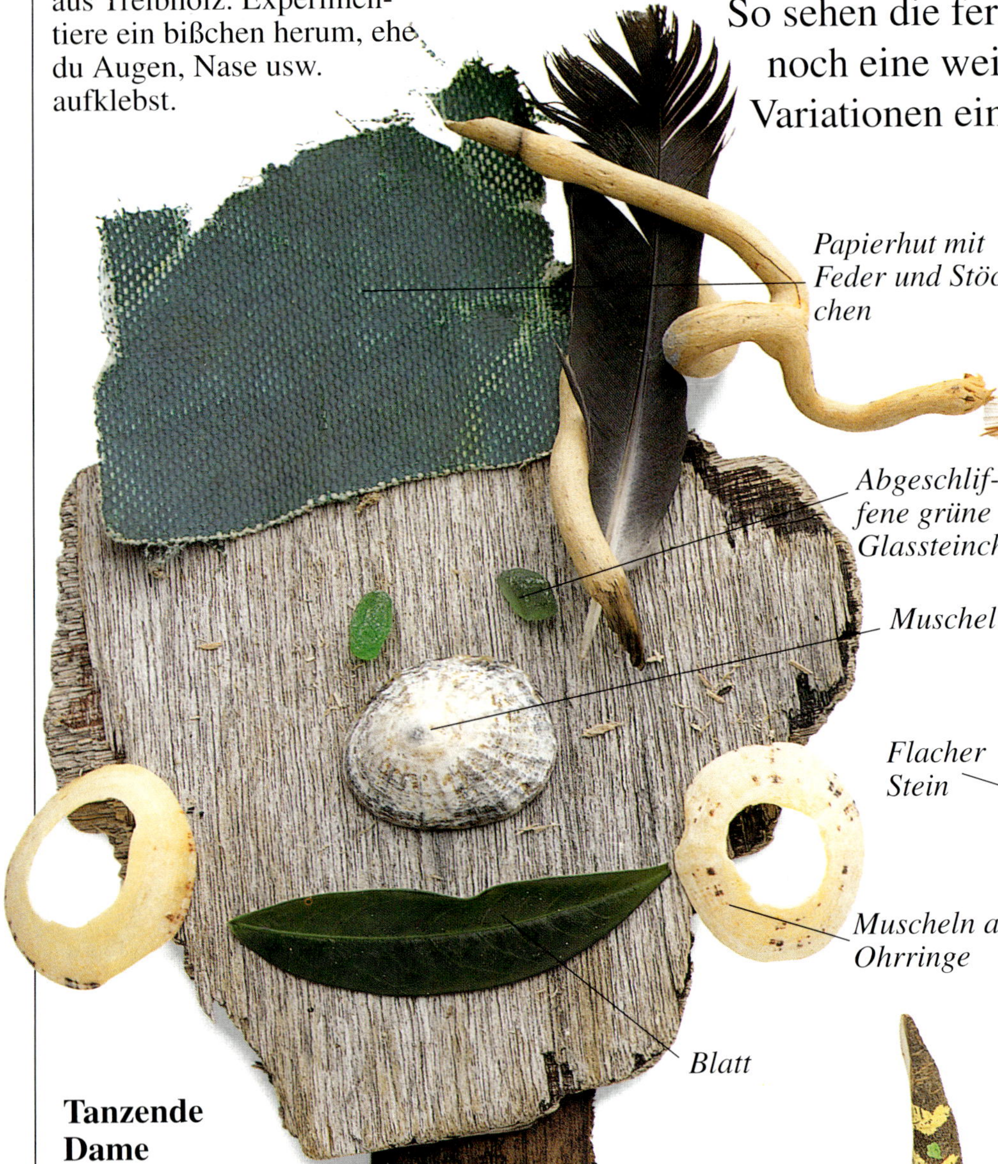

Papierhut mit Feder und Stöckchen

Abgeschliffene grüne Glassteinchen

Muschel

Flacher Stein

Muscheln als Ohrringe

Blatt

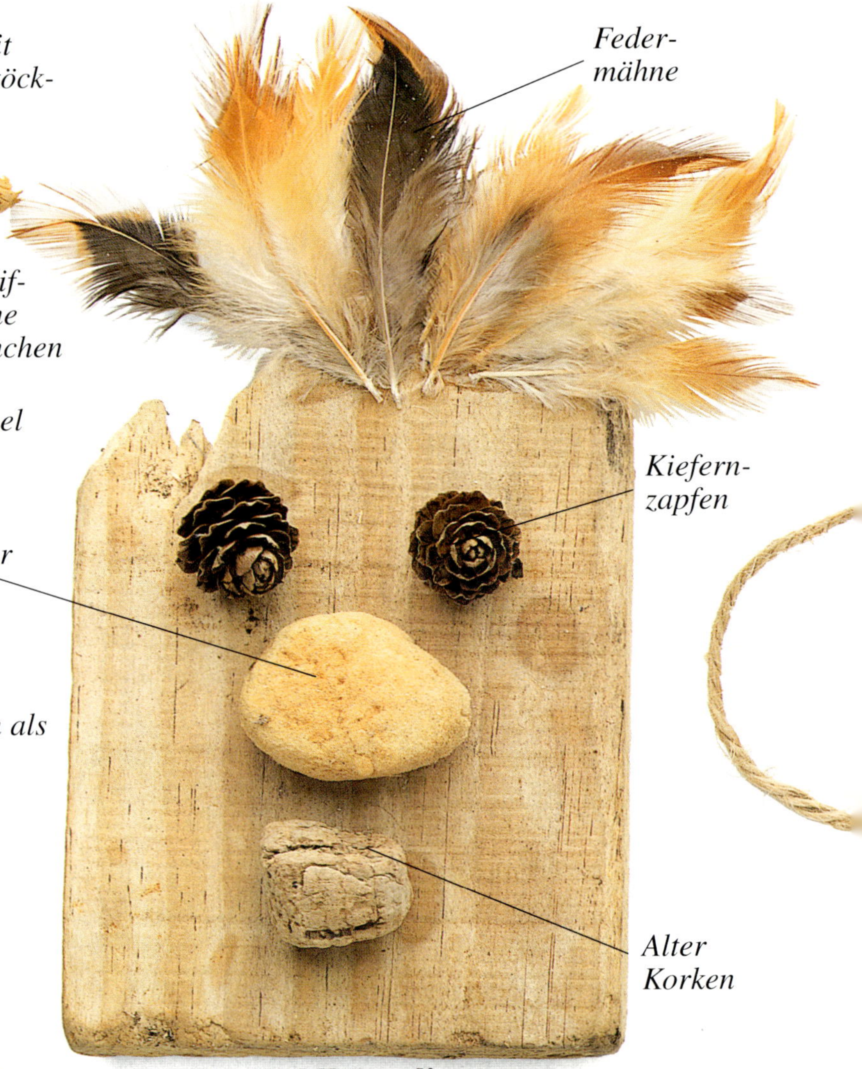

Federmähne

Kiefernzapfen

Alter Korken

Ein Waldhäuptling

Tanzende Dame

Muschel-Halskette

Abgeschnittener Ast als Arme

Ringelschlangen
Verwende nur zwei bis drei Farben pro Schlange und zeichne ein regelmäßiges Streifenmuster auf das Holz. Zeichne Augen und Maul an das dickere Ende des Stocks.

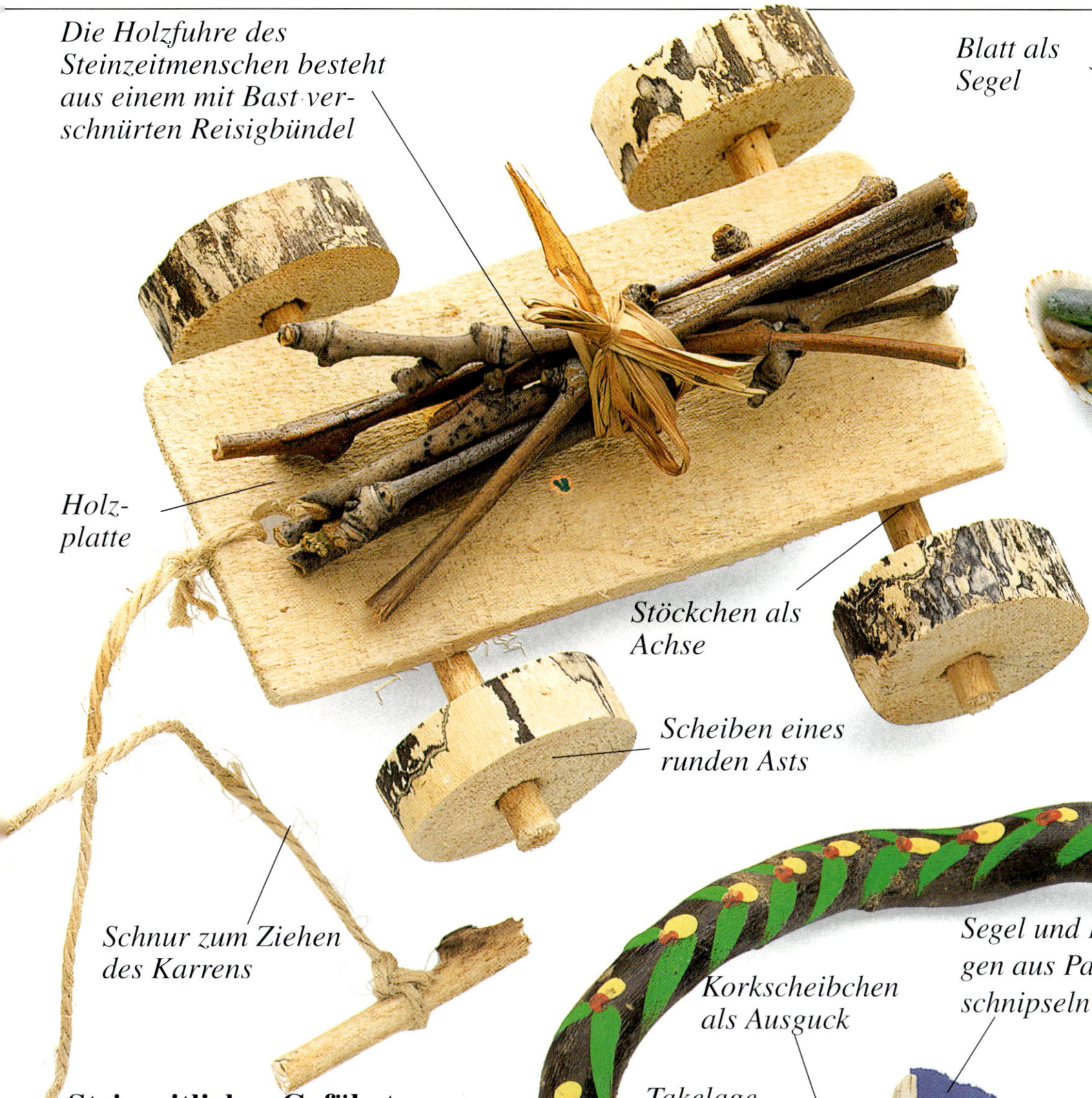

Die Holzfuhre des Steinzeitmenschen besteht aus einem mit Bast verschnürten Reisigbündel

Blatt als Segel

Stöckchen als Mast

Holz-platte

Muschelboote
Belade deine Muschelboote mit einem Piratenschatz aus Glasscherben und Minimuscheln. Du wirst staunen, wie seetüchtig deine Boote sind!

Stöckchen als Achse

Scheiben eines runden Asts

Muschel

Glassteinchen als Piratenschatz

Schnur zum Ziehen des Karrens

Diese Schlange hat ein fröhliches Gesicht.

Segel und Flaggen aus Papierschnipseln

Korkscheibchen als Ausguck

Steinzeitliches Gefährt
Auf diesem urigen Karren kannst du einige deiner Schätze aus der Natur ausstellen. Warum bastelst du nicht auch aus Stöckchen und Bindfaden einen Höhlenmenschen, der den Karren zieht?

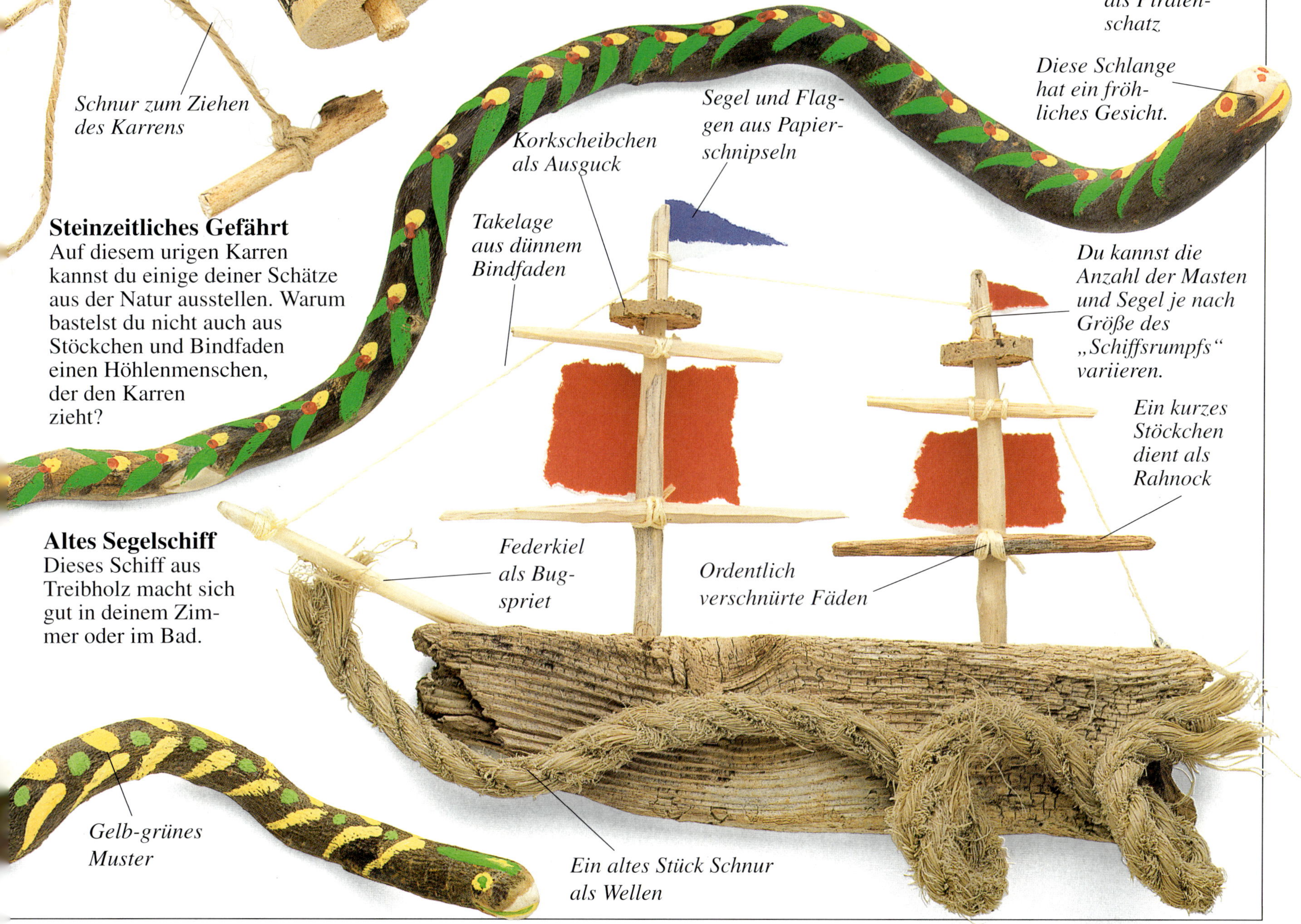

Takelage aus dünnem Bindfaden

Du kannst die Anzahl der Masten und Segel je nach Größe des „Schiffsrumpfs" variieren.

Ein kurzes Stöckchen dient als Rahnock

Altes Segelschiff
Dieses Schiff aus Treibholz macht sich gut in deinem Zimmer oder im Bad.

Federkiel als Bugspriet

Ordentlich verschnürte Fäden

Gelb-grünes Muster

Ein altes Stück Schnur als Wellen

Bunte Windräder

Gefallen dir diese bunten Windräder? Sie funktionieren nach demselben Prinzip wie die großen Windmühlen, mit denen Wasser gepumpt und Strom erzeugt wird. Ein kleines Windrad hingegen ist nur zum Spielen gedacht. Wie schnell dreht es sich, wenn du es anpustest? Wenn es nicht regnet, kannst du es im Garten vom Wind treiben lassen.

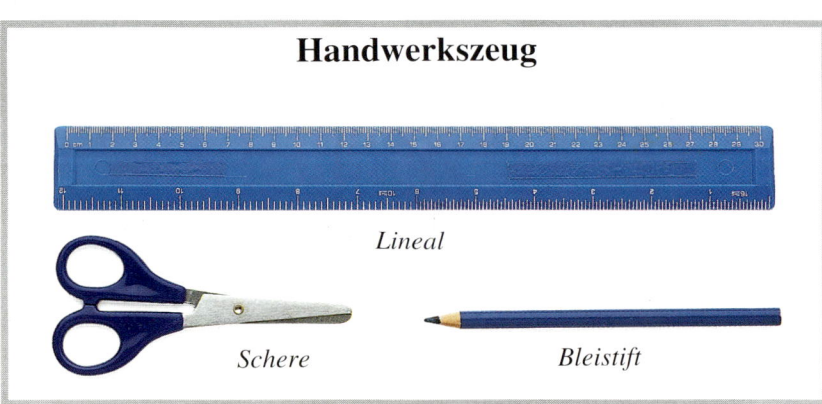

Handwerkszeug

Lineal

Schere

Bleistift

Du brauchst

Stecknadeln mit großen Köpfen

Kleine Holzperlen

Bleistifte mit Radiergummi am Ende

Farbiges Papier

So gehst du vor

1 Zeichne mit Lineal und Bleistift zwei gleich große Quadrate auf zwei verschiedenfarbige Papiere und schneide sie aus (siehe S. 60).

2 Verbinde die gegenüberliegenden Eckpunkte der Quadrate. Die Linien kreuzen sich in der Mitte. Schneide sie bis kurz vor dem Schnittpunkt ein.

3 Lege die beiden Vierecke aufeinander. Biege sie entlang der eingeschnittenen Linien vorsichtig um und halte die Spitzen in der Mitte fest.

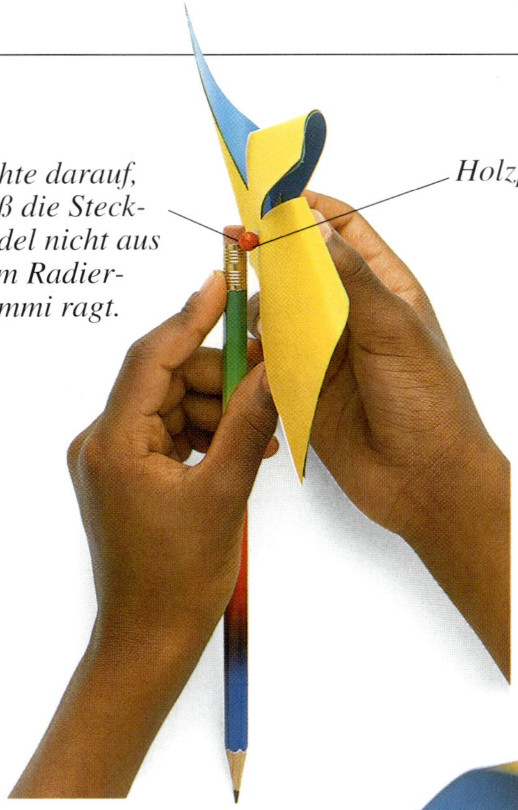

Achte darauf, daß die Stecknadel nicht aus dem Radiergummi ragt.

Holzperle

Windrad mit rot-gelben Flügeln

Blaue Stecknadel

Rote Stecknadel

4 Drücke eine Stecknadel durch die in der Mitte zusammengehaltenen Spitzen. Schiebe sie dann durch die Holzperle und zuletzt in den Radiergummi am Bleistift.

5 Puste mit aller Kraft. Wann dreht sich das Windrad besser? Wenn du seitlich oder von vorne bläst?

Bleistift in Regenbogenfarben

Blau-gelbe Flügel

Der Bleistift sollte nicht zu spitz sein.

Grüngelbe Flügel

Grüne Stecknadel

Windstärke messen
Mit einem Windrad kannst du testen, wie windig es ist. Je schneller es sich dreht, desto stärker ist der Wind.

Vielerlei Windräder

Auf dieser Seite siehst du die fertigen Windräder. Wie groß dein Windrad wird, hängt von der Größe der Quadrate ab. Falls du sehr dickes Papier verwendest, brauchst du nur ein Quadrat zuzuschneiden.

Orangefarbener Bleistift

Fingerfiguren

Nach der Vorlage auf Seite 63 kannst du alle möglichen Fingerpüppchen basteln. Du brauchst Filzreste in möglichst kräftigen Farben, oder auch andere Stoffreste oder buntes Papier. Bastle die hier abgebildeten Tiere nach oder erfinde eigene Modelle.

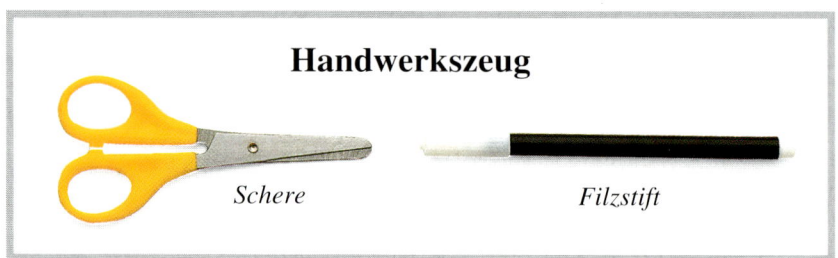

Handwerkszeug

Schere   *Filzstift*

Du brauchst

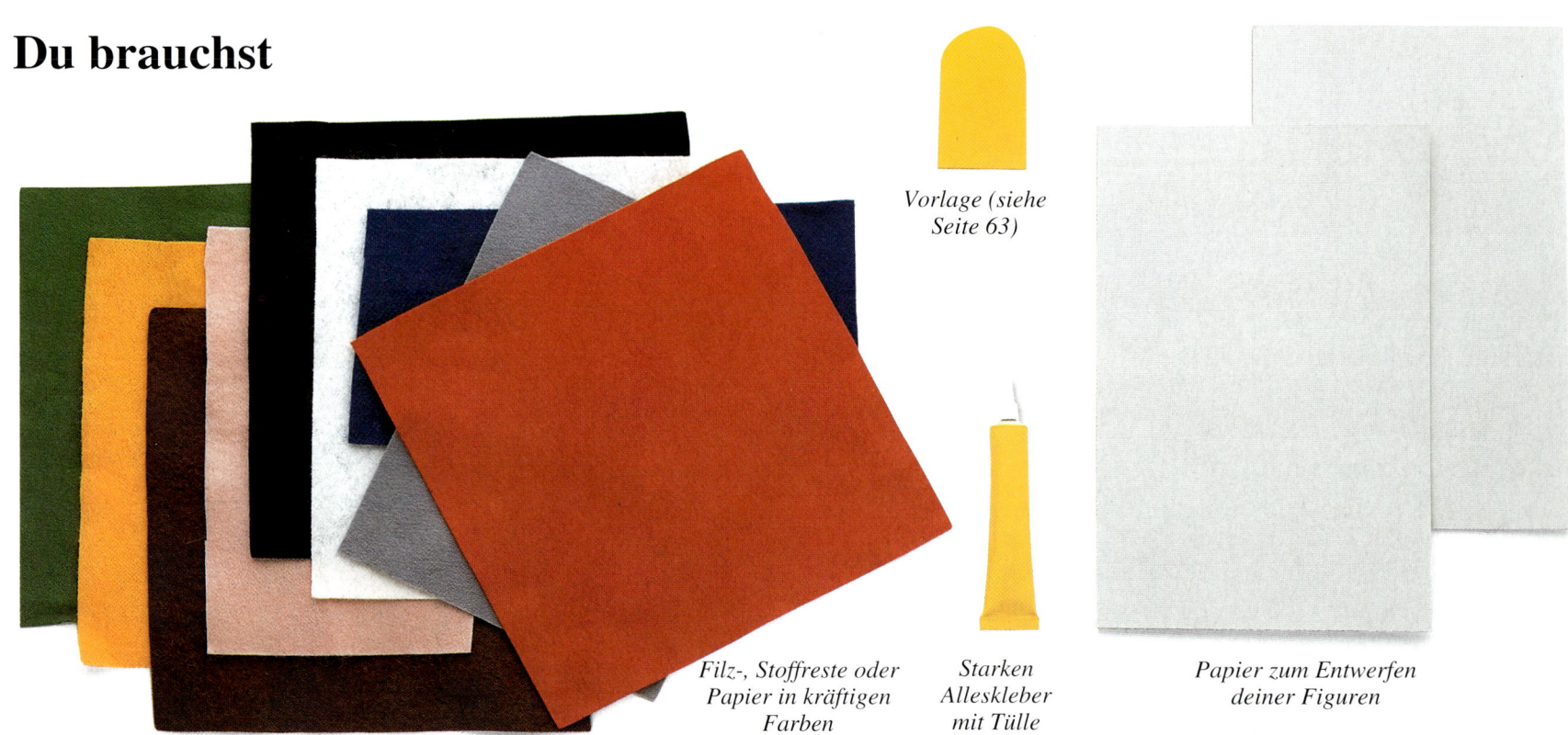

Vorlage (siehe Seite 63)

Filz-, Stoffreste oder Papier in kräftigen Farben

Starken Alleskleber mit Tülle

Papier zum Entwerfen deiner Figuren

So gehst du vor

1 Zeichne zuerst auf, wie deine fertigen Figuren aussehen sollen. Du kannst ganz nach Lust und Laune Tiere oder Menschen basteln.

2 Lege die Vorlage auf ein Stück Filz, zeichne sie zweimal ab und schneide sie aus. Zeichne auch Arme, Beine oder Pfoten, eventuell auf andersfarbigem Stoff.

3 Ziehe eine feine Linie Alleskleber um eine Innenseite des Körpers. Achtung, die untere Seite muß frei bleiben! Drücke die beiden Teile aufeinander.

4 Schneide nun die anderen Körperteile deiner Figur aus. Denk daran, daß du zwei Arme, zwei Beine usw. brauchst.

5 Lege die ausgeschnittenen Körperteile auf den Körper, um zu sehen, ob die Figur dir so gefällt. Falls nicht, kannst du immer noch Änderungen vornehmen.

6 Klebe zuerst Arme und Beine (oder Flügel und Pfoten) an der Rückseite der Figur fest. Danach wird der Rest aufgeklebt.

Lustige Horde

Du kannst eine ganze Horde fröhlicher Tiere wie hier auf dem Foto basteln oder auch Märchenfiguren. Wären sie nicht auch ein willkommenes Geschenk für deine Freunde?

Stülpe die Figuren über deinen Zeigefinger.

Maus

Eule

Löwe

Pandabär

Küken

Frosch

Papagei

Schweinchen

Wie sich die Figuren bewegen

Wenn du mit dem Finger wackelst, sieht es so aus, als würde sich deine Figur bewegen.

Ziehe die anderen Finger ein, damit die Figur auf deinem Zeigefinger gut sichtbar ist.

Die Pfoten sind an der Innenseite angeklebt.

Kaleidoskop

Ein Kaleidoskop ist ein pfiffiges Spielzeug – du brauchst es nur ans Auge zu halten und zu drehen, und schon siehst du ständig wechselnde Muster. Du brauchst dafür entweder eine Spiegelfolie (in Bastelläden erhältlich), oder du klebst Alufolie auf ein Stück Karton. Am besten funktioniert dein Kaleidoskop, wenn die bunten Plastikteile dicker als Papier sind.

Handwerkszeug

Lineal

Schere   *Bleistift*   *Klebeband*

Du brauchst

Spiegelkarton

Perlen, kleine bunte Plastiksteinchen und Schnipsel aus Transparentfolie

Durchsichtige Plastikfolie

Weißes Tonpapier

Pergamentpapier (oder Butterbrotpapier)

Farbiges Papier

Klebestift

So gehst du vor

 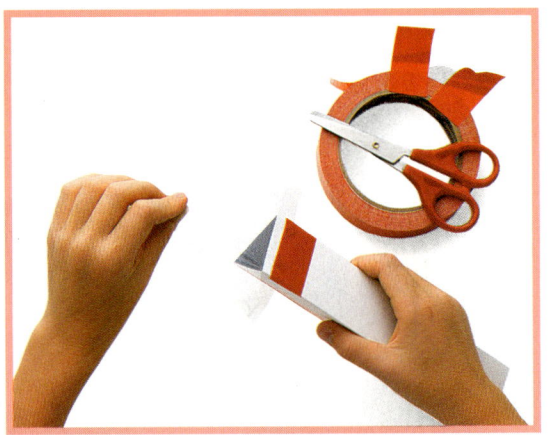 

1 Schneide ein Stück Spiegelkarton der Größe 12 x 20 cm zu. Zeichne in je 4 cm Abstand zwei senkrechte Linien ein.

2 Falte den Karton entlang dieser beiden Linien so, daß die Spiegelfläche innen liegt. Klebe die beiden Ränder zusammen. Klebe ein Ende der Röhre mit Plastikfolie zu.

3 Du brauchst ein weiteres Stück Spiegelkarton der Größe 12,5 x 3 cm. Klebe es oberhalb der mit Plastikfolie verschlossenen Seite an.

Nächste Schritte

4 Stelle die Röhre auf die offene Seite. Lege kleine bunte Plastikscherben und Perlen auf die Plastikfolie.

5 Schneide ein dreieckiges Stück Pergamentpapier zu. Lege es flach über die Röhre, biege die überstehenden Seiten hinunter und klebe sie fest.

6 Nun brauchst du ein Stück farbiges Papier der Größe 12,5 x 20 cm. Klebe es rund um die Röhre (siehe Foto) und dekoriere es mit andersfarbigen Figuren.

Regenbogen im Kleinformat

So sieht das fertige Kaleidoskop aus, wenn es außen mit bunten Rechtecken und Quadraten beklebt ist. Was man damit macht? Ganz einfach: Stelle dich vor ein Fenster oder eine Lampe und schließe ein Auge. Halte das offene Ende der Röhre an das andere Auge und drehe sie langsam rundherum. Dann kannst du tolle Muster sehen.

Wenn du das Kaleidoskop mit den Händen drehst, verändert sich das Muster.

Folie aus Pergament-papier

Gelbe Umhüllung

Bunte Vierecke aus Papier

Halte das offene Ende an dein Auge.

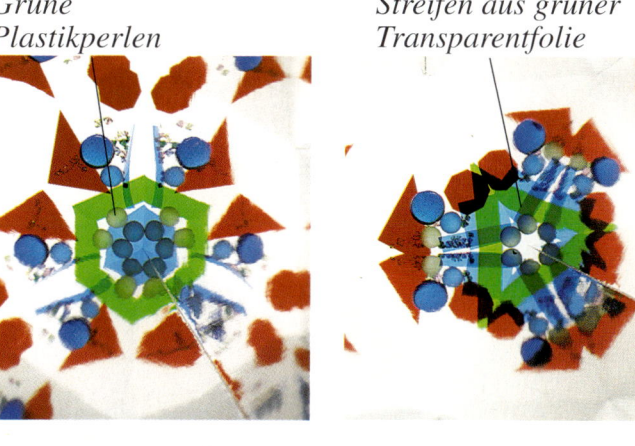

Grüne Plastikperlen

Streifen aus grüner Transparentfolie

Blaue Plastikperlen

Rotes Dreieck aus Transparentfolie

Streifen aus blauer Transparentfolie

47

Abfälle – bloß nicht wegwerfen!

Um tolle Sachen zu basteln, brauchst du keine teuren Materialien. Hier erfährst du, wie man ein Fernglas, einen Lastwagen, einen Roboter und eine phantastische Burg baut – und das alles aus Materialien, die normalerweise im Müll landen. Sehen die fertigen Ergebnisse nicht super aus?

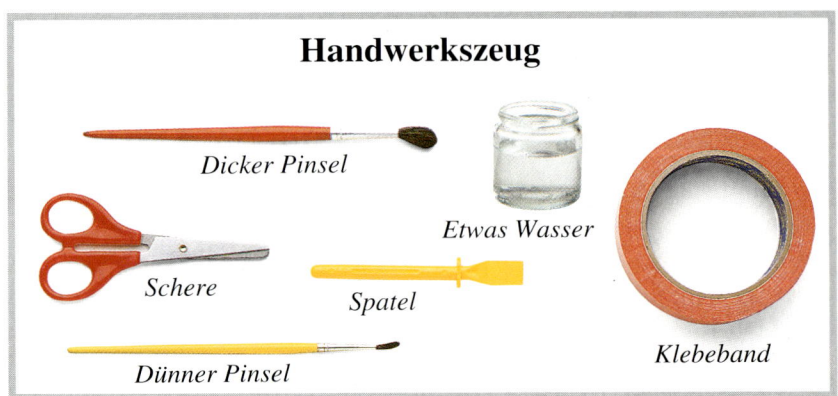

Handwerkszeug

Dicker Pinsel

Etwas Wasser

Schere

Spatel

Klebeband

Dünner Pinsel

Du brauchst

Leere Kartons, Rollen und Schachteln

Pappkartons

Klopapierrollen

Leere Küchenpapierrollen

Wellpappe aus alten Kartons

Bastelkleber

Büroklammern

Beutelklammern

Sicherheitsnadeln

Plastiktrinkhalme

Plakafarben

Klarlack

Alufolie

Flaschenverschlüsse

Plastikhüllen

Bindfaden

Spielzeug-Fernglas

1 Schneide zwei 5 cm breite Streifen Wellpappe zu, die so lang sind, daß sie um eine Klopapierrolle reichen. Klebe sie an das Ende je einer Rolle.

2 Zeichne den Durchmesser einer Klopapierrolle viermal auf Wellpappe. Schneide die vier Kreise aus, klebe sie aneinander zwischen die beiden Rollen.

3 Ein Erwachsener soll dir oben in jede Rolle ein Loch bohren. Fädle ein Stück Bindfaden hindurch und verknote die beiden Enden.

Lastwagen

1 Du brauchst zwei kleine Schachteln und den Deckel eines Schuhkartons. Male vorne und seitlich Fenster an die größere Schachtel und schneide sie aus.

2 Klebe den Deckel und die beiden Schachteln auf ein Stück Karton. Drei Klopapierrollen darunter bilden die Räder.

3 Drücke sechs passende Plastik-verschlüsse in die offenen Seiten, und schon sind die Räder fertig. Bemale deinen Laster mit kräftigen Farben.

Burg

Zinnen

Türm-chen

1 Du brauchst eine große quadratische Schachtel als Grundlage. Schneide vier Kartons zu, die genau die Seitenlängen der Schachtel haben. Schneide Zinnen hinein.

2 Bestreiche die Fläche unterhalb der Zinnen mit Kleber und klebe sie so um die große Schachtel, daß die Zinnen darüber hinausragen.

3 Auch vier Klopapierrollen werden an einem Ende mit Zinnen versehen. Schneide zwei Schlitze in jede Rolle und stülpe sie jeweils über die Ecken der Burg.

4 Eine Küchenpapierrolle wird zum hohen Turm. Schneide Zinnen in einen Papierstreifen und klebe ihn um die Spitze. Ein Papierkegel bildet das Dach.

5 Aus kleineren Schachteln werden die Gebäude der Burganlage gebastelt. Schneide Dächer, Fenster und Türen aus Wellpappe zu und male die Burg an.

6 Klebe alle Teile zusammen. Schneide rundum kreuzförmige Schießscharten ein. Die Fahnen sind gefaltete, an Stroh-halmen angeklebte Papierdreiecke.

Pfiffige Kreationen aus Pappe

Roboter

Hier kannst du die fertigen Werke bewundern. Lastwagen und Fernglas sind in etwa einer Stunde fertig. Der Roboter dauert etwas länger, die Burg mindestens einen Nachmittag. Deine Modelle können natürlich etwas anders aussehen, je nachdem, welche Materialien du zur Verfügung hast.

1 Befestige zwei Klopapierrollen seitlich am Roboterkörper. Laß dir zwei Löcher stechen, schiebe Beutelklammern hindurch und klappe sie auseinander.

2 Klebe die restlichen Pappteile zusammen (siehe Foto). Klopapier-rollen bilden die Beine, viereckige Schachteln Kopf, Füße und Brust.

3 Bemale den Roboter. Wenn die Farbe trocken ist, überziehe sie mit Klarlack. Ist dieser trocken, klebe Gesicht, Hände, Uniform und den Steuermechanismus auf.

Plastikkappe als Hut

Pralinenman-schette als Sichtöffnung

Kleine Schachtel als Kopf

Mit Alufolie überzogene Teile einer Eierschachtel

Sicherheitsnadel

Mit Alufolie überzogener Flaschenver-schluß

Büroklammern für den Steuer-kasten

Klopa-pierrolle

Mit Alufolie überzo-gener Kronen-korken

Goldene Reißnägel als Knöpfe

Roboter-Kapitän
Der Körper des Roboters besteht aus einer größeren und vier kleineren Schachteln sowie vier Klopapier-rollen als Arme und Beine. Ist der Roboter bemalt, schmücke ihn mit Reißnägeln, Büro-klammern und „versilberten" Flaschenverschlüssen.

Klopapier-rollen als Beine

Kleine Schachteln als Füße

Belade die Ladefläche deines Lastwagens mit Bauklötzen.

Kleine viereckige Schachtel als Fahrerhaus

Kleine flache Schachtel als Motorhaube

Seiten-turm

Haus **Berg-fried** **Haupt-turm**

Gefaltete Illustriertenseite als Fahne

Burgtürme
Hier einige der einzelnen Gebäude der Burganlage

Schachteldeckel als Ladefläche

Papierkegel als Dach

Zinnen aus Karton-streifen

Trinkhalme als Fahnen-stangen

Lastwagen
Wenn dir dein Lastwagen gefällt, bastle noch andere Fahrzeuge wie Autos, Feuerwehrautos oder Krankenwagen – ein ideales Geschenk für kleinere Geschwister.

Räder aus Klopapierrollen und Flaschen-verschlüssen

Burganlage
Sieht die fertige Burg nicht großartig aus? Du kannst die Türme und anderen Gebäude anordnen, wie du möchtest, bevor du sie anklebst.

Dach aus Wellpappe

Fernglas
Dieses Fernglas kann zwar nicht vergrößern, aber es sieht gut aus. Bemale es in deiner Lieblingsfarbe.

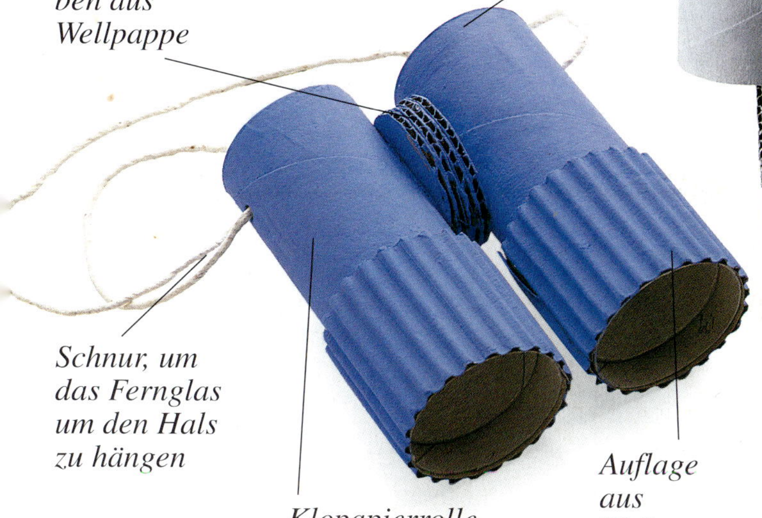

In Karton ein-geschnittene Zinnen

Halte diese Seite an dei-ne Augen.

Vier Schei-ben aus Wellpappe

Schnur, um das Fernglas um den Hals zu hängen

Klopapierrolle

Auflage aus Wellpappe

Schieß-scharte

Burgtor aus Wellpappe

Aufgemalte Scharniere

Papprolle als Wachturm

51

Schattenfiguren

Ein langweiliger, verregneter Nachmittag wird schnell kurzweilig, wenn du mit deinen Freunden ein Schattentheater baust. Hier erfährst du, wie bunte Figuren mit beweglichen Gliedern und eine Bühne gebastelt werden. Außerdem wird erklärt, wie man die Figuren bewegt und eine Aufführung inszeniert.

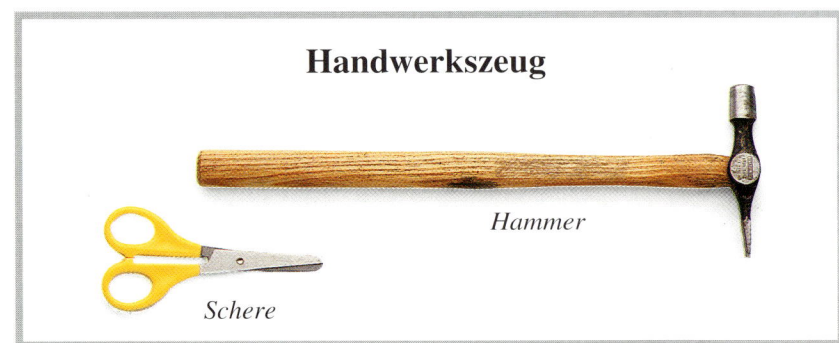

Handwerkszeug

Hammer

Schere

Du brauchst

Weißes Tonpapier oder Karton

Bunte Filzstifte

Pflanzenöl

Beutelklammern

Watte

Reißnägel

Küchenpapier

2 oder 3 Holzstäbe (etwa 30 cm lang) pro Figur

So gehst du vor

1 Zeichne die gewünschte Figur mit schwarzem Filzstift auf weißem Karton vor. Male einfache Umrisse, Striche und Tupfen.

2 Bemale die Figur mit bunten Filzstiften. Die Farben sollten recht kräftig sein. Schneide die Figur sorgfältig aus.

3 Schneide die Figur an der Stelle durch, die beweglich werden soll. Wenn du den Hals durchschneidest, kann der Kopf auf- und abbewegt werden.

4 Lege die Figur auf Küchenpapier und tupfe sie mit Watte ab, die zuvor in Pflanzenöl getaucht wurde. Betupfe auch die Rückseite.

5 Drücke mit einem Reißnagel ein Loch durch die zuvor durchgeschnittenen, jetzt übereinandergelegten Teile. Führe eine Beutelklammer hindurch.

6 Bitte einen Erwachsenen, je einen Holzstab an beiden Einzelteilen der Figur zu befestigen, indem er einen Reißnagel in jedes Stäbchen drückt.

Requisiten

Hier einige Vorschläge für Figuren und Kulissen. Du kannst selbstverständlich auch Figuren aus deinem Lieblingsmärchen basteln.

Paradiesvogel

Regenbogenvogel

Beweglicher Flügel

Papagei auf einem Baum

Regenbogen-Dinosaurier (nach rechts blickend)

Beweglicher Hals

Zwei von gleicher Art
Da deine Figur mal nach rechts, mal nach links blicken soll, brauchst du zwei Figuren von jedem Typ.

Schattenbühne
Die Bühnenkulissen sollten einfach und bunt sein, damit sie zu den Figuren passen.

Baum für die linke Seite

Blume

Regenbogen-Dinosaurier (nach links blickend)

Gras

Schattentheater

Bevor deine Figuren die Bühne betreten, stelle das Theater auf einen Tisch vor ein helles Licht, z. B. eine Lampe, damit das Licht von hinten darauf fällt. Denk dir eine einfache Geschichte aus und beginne mit den Proben. Du brauchst jemanden, der dir hilft, denn du benötigst pro Figur zwei Hände.

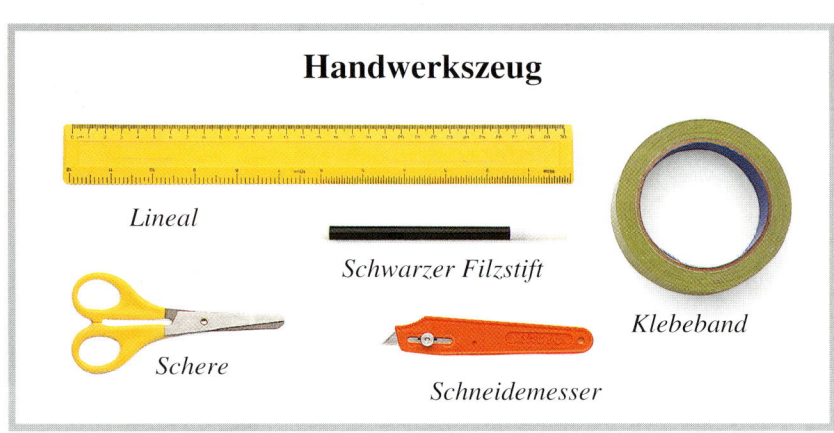

Handwerkszeug

Lineal

Schwarzer Filzstift

Klebeband

Schere

Schneidemesser

Du brauchst

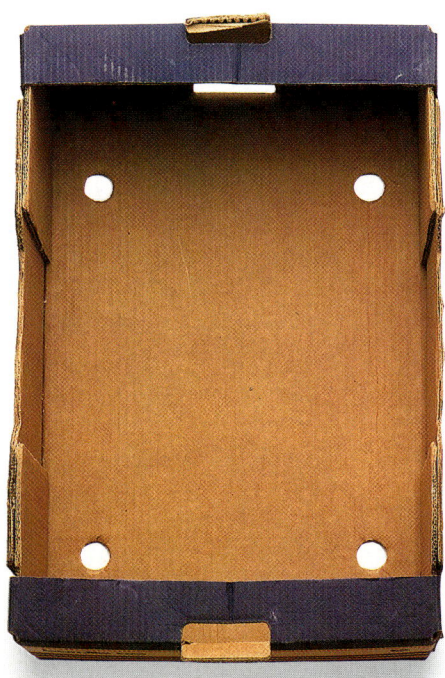

Einen dicken, rechteckigen Karton

Buntes Papier zur Dekoration der Bühne

Klebestift

Pergament- oder Butterbrotpapier

So wird die Bühne gebaut

1 Miß die gewünschte Bühnengröße auf der Unterseite des Kartons aus. Dann bitte einen Erwachsenen, das Viereck mit dem Schneidemesser auszuschneiden.

2 Schneide eine Lage Pergamentpapier zu, die etwas größer ist als das ausgeschnittene Loch. Klebe es von innen am Karton fest.

3 Klebe die angefertigten Kulissen (Bäume, Blumen, Gras) mit der bemalten Seite nach unten auf das Pergamentpapier im Innern des Kartons.

4 Dreh den Karton um. Schneide Muster aus farbigem Papier aus und klebe sie rundum auf die Seiten des Kartons, damit er wie ein Theater aussieht.

Wenn du den Flügel auf- und abbewegst, scheint der Vogel zu fliegen.

In jeder Hand hältst du ein Stöckchen.

Bewege den Flügel, während der Vogel über die Bühne gleitet.

Hinter den Kulissen
Wenn du für den großen Auftritt bereit bist, stelle dich seitlich hinter die Bühne.

Bewegliche Figuren
Du brauchst beide Hände, damit sich die Puppe bewegt, eine Hand für jeden Stab. Bewege vorsichtig beide Stäbe, während die Figur über die Bühne fliegt oder schreitet.

Du mußt den Arm auf- und abbewegen, damit der Dinosaurier den Kopf bewegt.

Achte darauf, nicht im Licht zu stehen.

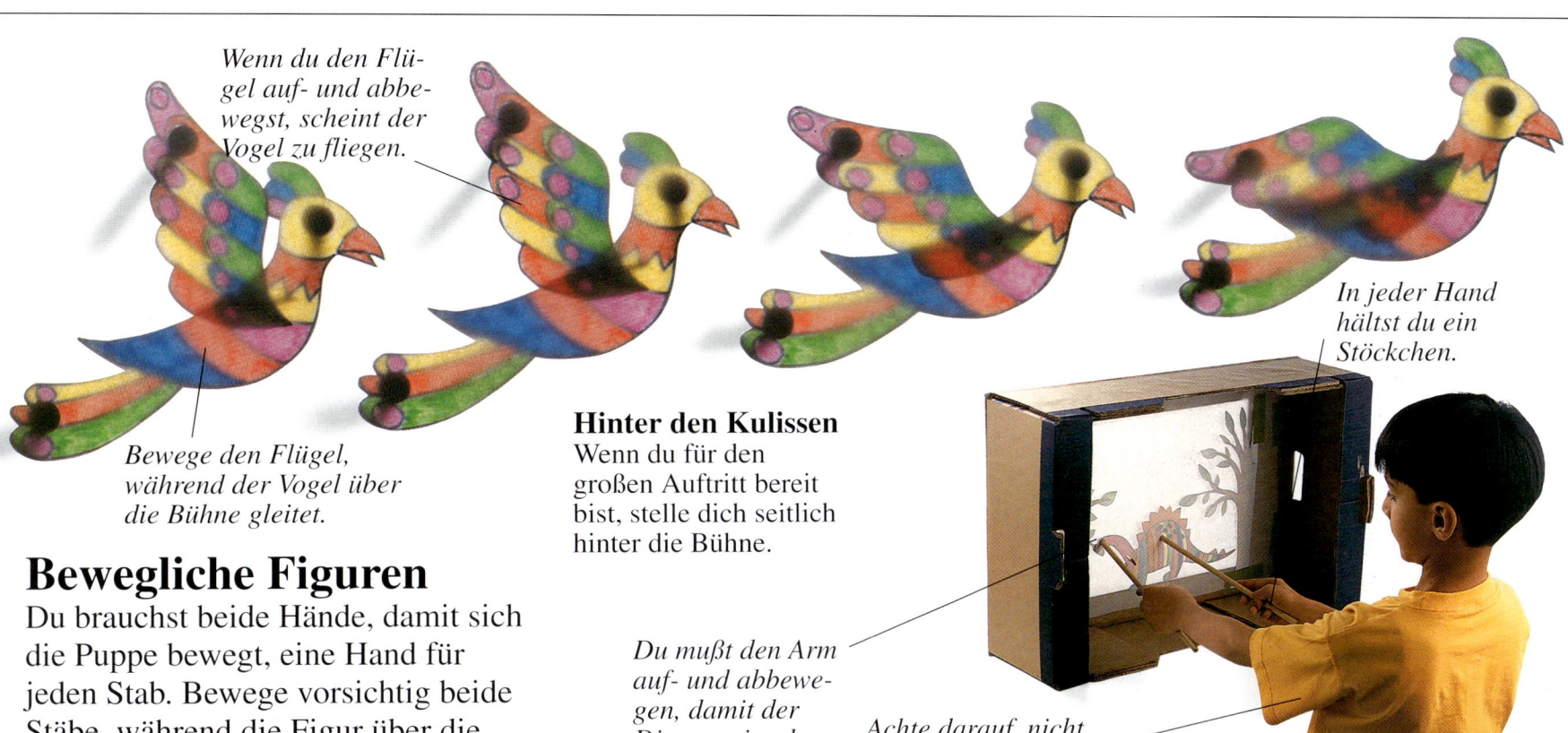

Dekoriere den Bühnenrand mit bunten Mustern.

Regenbogen-Dinosaurier

Klebe die Kulissen an den Rand der Bühne.

Stoffpüppchen und Stofftiere

In diesem Kapitel geht es um tolle Spielzeuge, die du selber nähen kannst: Teddybären, Kätzchen, Herzen, Püppchen und Häschen. Du brauchst nicht viel mehr als Stoffreste in allen Farben. Auf den Seiten 62 und 63 findest du die Vorlagen, ein paar einfache Nähstiche sind auf Seite 61 erklärt.

Handwerkszeug

Bleistift

Nähnadel

Stecknadeln

Sicherheitsnadel

Schere

Zickzackschere

Du brauchst

Polstermaterial (zum Ausstopfen)

Nähfaden

Einfarbige, karierte oder gemusterte Stoffreste

Schmale Bänder

Rote und weiße Wolle

Vorlage für Hasenohren

Vorlage für Herzen

Vorlage für Kätzchen

Vorlage für Hase oder Puppe

Vorlage für Teddybär

(Du findest die Vorlagen auf den Seiten 62 und 63).

So gehst du vor

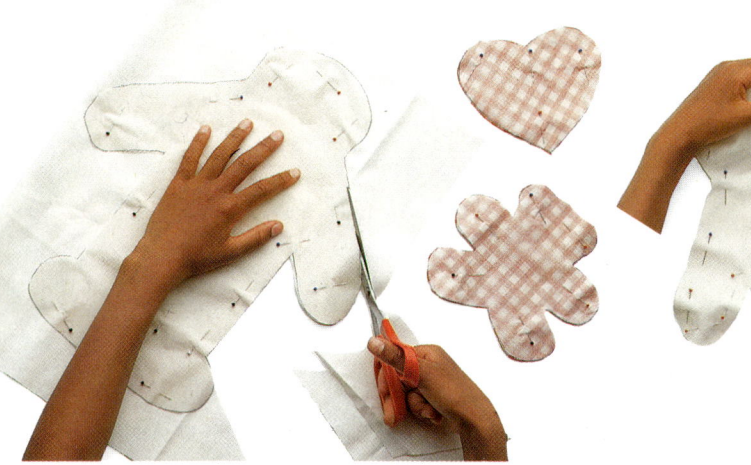

1 Falte den Stoff in der Mitte. Stecke die Vorlage auf den gefalteten Stoff und schneide sie aus. So erhältst du zwei gleiche Teile. Entferne die Stecknadeln.

2 Lege die beiden Teile aufeinander, Außenseiten nach innen. Stecke sie zusammen und nähe sie aneinander*, wobei etwa 5 cm Rand offen bleibt.

3 Drehe die Innenseite der Puppe nach außen. Mit einem Bleistift kannst du unebene Nahtstellen begradigen. Stopfe die Figur mit Füllmaterial aus.

* *Vernähe alle Nähte mit dem Vorstich (siehe Seite 61).*

Letzte Handgriffe am Häschen

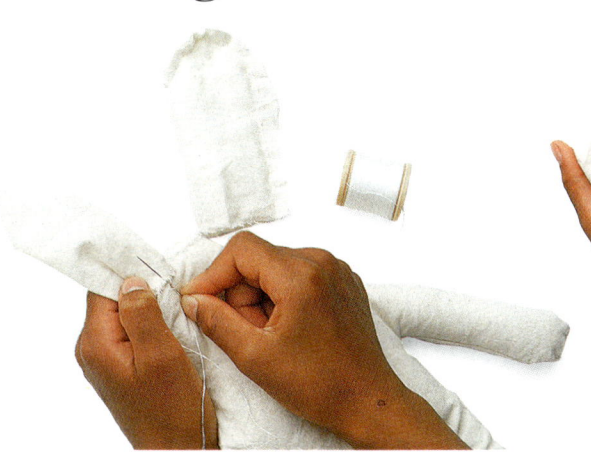

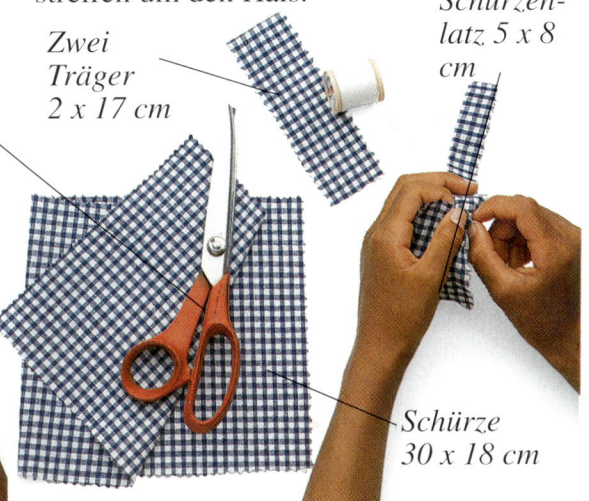

4 Mit dem Bleistift kannst du das Füllmaterial bis in die Ecken stopfen. Wenn die Figur dick genug ist, vernähe die noch offene Naht mit Überwendlingsstichen.

1 Falte das Hasenohr in der Mitte, nähe die Außenkanten zu* und wende das Ohr. Nähe beide Ohren mit Überwendlingsstichen oben an den Hasenkopf.

2 Nähe dem Hasen mit Steppstichen Augen, Nase, Mund und Schnurrhaare. Binde ihm einen schmalen Stoffstreifen um den Hals.**

Letzte Handgriffe am Püppchen

Lange rote Wollfäden

Weiße Wolle

Zickzackschere

Zwei Träger 2 x 17 cm

Schürzenlatz 5 x 8 cm

Schürze 30 x 18 cm

1 Binde weiße Wollfäden um den Hals. Nähe rote Fäden als Haare auf dem Kopf fest und binde sie mit zwei seitlich am Kopf angenähten Bändern zusammen.

2 Flechte die Haare unterhalb der Bänder zu Zöpfen. Dann nähe der Puppe mit Steppstichen Augen und Mund auf.

3 Schneide die Teile mit der Zickzackschere aus. Falte die Träger der Länge nach und nähe sie oben an den Latz. Lege den Latz um.**

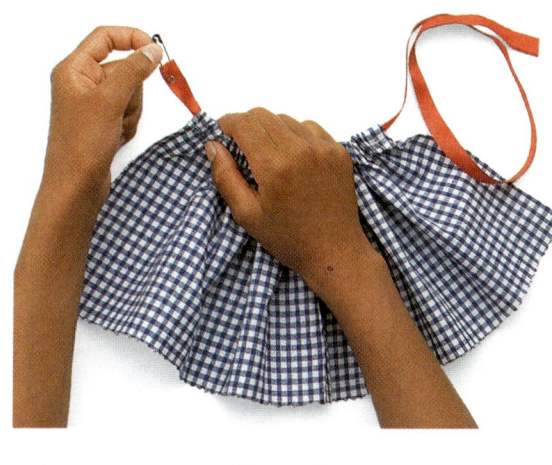

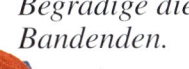

Begradige die Bandenden.

Binde die Schürze um.

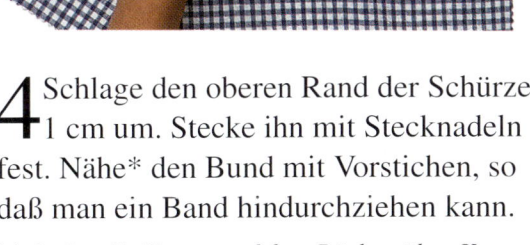

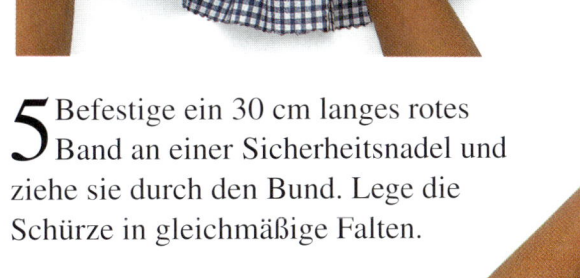

4 Schlage den oberen Rand der Schürze 1 cm um. Stecke ihn mit Stecknadeln fest. Nähe* den Bund mit Vorstichen, so daß man ein Band hindurchziehen kann.

5 Befestige ein 30 cm langes rotes Band an einer Sicherheitsnadel und ziehe sie durch den Bund. Lege die Schürze in gleichmäßige Falten.

*** Ordne die Träger auf dem Rücken über Kreuz an.*

Die fertigen Figuren

Binde deinen Figuren noch Bänder, entweder aus einem farblich passenden Stoffstreifen oder einem Geschenkband. Sind diese Figuren nicht ideal zum Verschenken?

*Rote Woll-
fäden, zu
Zöpfen
geflochten*

*Aufgesticktes
Gesicht*

*Blaue
Schleife*

*Karierte
Schürze*

Tanzbären

Hierfür brauchst du drei kleine Bären. Schmücke sie mit einem Band um den Hals und nähe sie an den Pfoten aneinander. An die Hand der äußeren Bären nähst du ein Band an. Daran kann man die Bären im Laufgitter oder am Kinderwagen festbinden.

*Binde jedem Bä-
ren ein rotes Band
um den Hals.*

*Blaue
Schleife*

Das Püppchen Martha

Marthas Körper besteht aus weißem Kattun. Mit ihrer blauweiß karierten Schürze sieht sie wie eine amerikanische Farmersfrau aus.

Kissen aus Herzen

Mache vier Herzen aus farblich passenden Stoffresten. Nähe ihre Spitzen zusammen und verziere die Mitte mit einer dekorativen Schleife.

Rotweiß gestreifter Bär

Band zum Anbinden

An dieser Schlaufe werden die Herzen aufgehängt.

Aufgesticktes Gesicht

Blauweiß karierte Fliege

Weißer Hase
Der Hase hat denselben Körper wie das Püppchen Martha, aber zusätzlich noch lange Schlappohren. Binde ihm eine fesche Fliege um und nähe ihm ein Trockenblumensträußchen in die Hand.

Schleife aus schmalem Band

Binde dem Kätzchen eine Schleife um den Hals.

Süßes Kätzchen
Dieses Kätzchen besteht aus einfachem, kariertem Stoff.

Herzchenparade
Nähe vier ausgestopfte Herzchen. Schlinge oben eine Schlaufe in das Band. Nähe die Herzchen darunter fest.

Zum Schluß noch ein paar Tips

Hier ein paar nützliche Hinweise, die dir das Basteln erleichtern. Auch die Nähstiche werden erklärt.

Karton falten

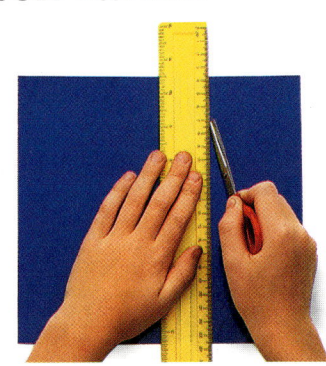

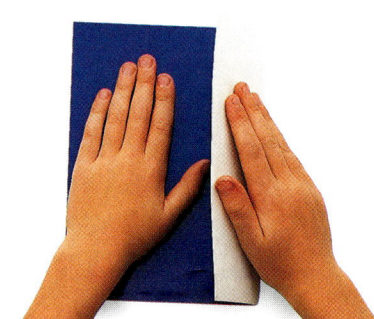

1 Zuerst mußt du die betreffende Stelle markieren. Lege ein Lineal an die gewünschte Linie und fahre mit der Spitze der Schere daran entlang.

2 Paß auf, daß du den Karton nicht komplett durchschneidest. Klappe den Karton an der eingeritzten Linie um.

Einen Kreis zeichnen

Binde einen Bleistift an ein Stück Bindfaden, das du mit einer Hand im Mittelpunkt des Kreises festhältst. Ziehe mit dem Stift nun einen Kreis.

Ein Quadrat zeichnen

1 Miß die gewünschte Seitenlänge, ausgehend von einer Papierecke, mit dem Lineal ab und mach einen Punkt. Miß auf der anderen Seite dieselbe Länge ab.

2 Klappe die Ecke, von der aus du gemessen hast, an den beiden eingezeichneten Punkten zur Mitte um. Mach einen weiteren Punkt an die Spitze.

3 Öffne das Blatt wieder und verbinde den Punkt in der Mitte mit den beiden Punkten am Rand. Schneide diese beiden Linien nach, und fertig ist das Quadrat.

Eine Vorlage übertragen

1 Lege Pergamentpapier auf die Vorlage (S. 62-63). Ziehe die Linien mit dem Bleistift nach. Wende das Papier. Fahre mit dem Stift großflächig über die Seite.

2 Wende das Papier erneut und klebe es auf ein Stück Karton, damit es nicht verrutscht. Dann ziehe die Linien sorgfältig nach.

3 Nimm das Pergamentpapier weg. Deine Striche sind nun auf dem Karton sichtbar. Schneide die Figur aus.

So benutzt man ein Schnittmodell

Auf den Seiten 62-63 sind auch die Vorlagen für die Näharbeiten abgebildet. Pause die gewünschte Vorlage ab und schneide sie aus. Schneide den Stoff nach Punkt 1 und 2 zu. Falls du zwei gleiche Teile benötigst, falte den Stoff zuerst in der Mitte, linke Seite nach oben, und so, daß das Muster gerade liegt.

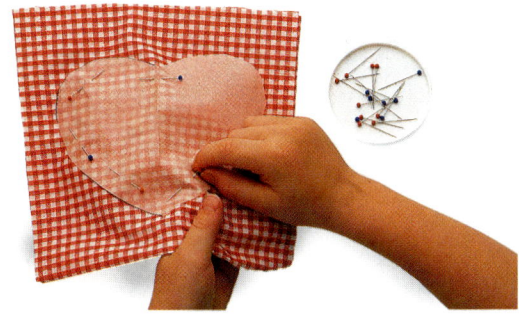

1 Befestige die abgepauste Vorlage mit Stecknadeln auf dem Stoff. Das Stoffmuster sollte gerade verlaufen.

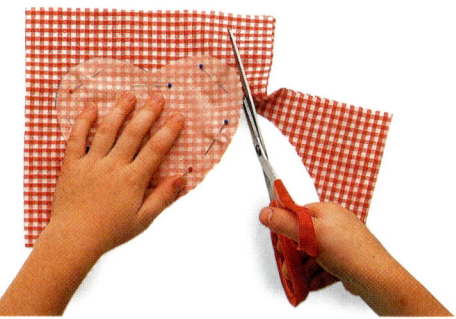

2 Schneide den Stoff nach der Vorlage aus. Drehe den Stoff, während du schneidest, damit die Schere immer von dir weg gerichtet ist.

Eine Naht versäubern

Damit der fertige Saum sauber aussieht, solltest du nach dem Nähen den zu breiten Rand abschneiden. Es reicht, wenn nur wenig Rand stehenbleibt (siehe Foto).

Überwendlingsstich

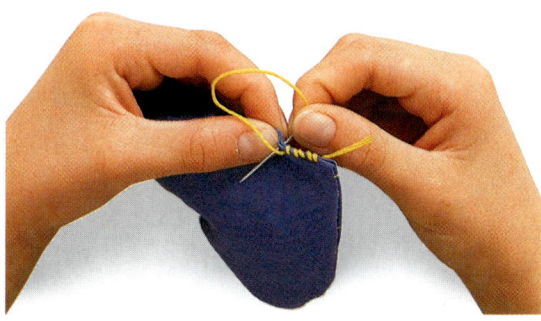

1 Schlage die beiden Stoffkanten nach innen. Mach einen Knoten in ein Ende des Nähfadens* und führe die Nadel von hinten nach vorne durch beide Stoffteile.

2 Führe die Nadel wieder über den Stoff nach hinten und wiederhole den Stich so lange, bis die Naht geschlossen ist.

Vorstich

Mach einen Knoten in das lange Ende des Fadens* und führe die Nadel durch beide Stoffschichten nach hinten, dann wieder nach vorne zurück (Bild 1). Zieh Nadel und Faden aus dem Stoff (Bild 2). Wiederhole diese beiden Schritte so lange wie nötig.

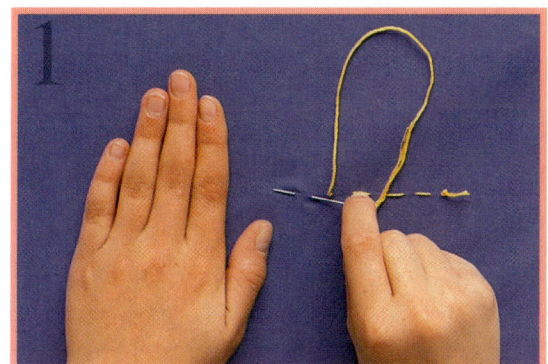

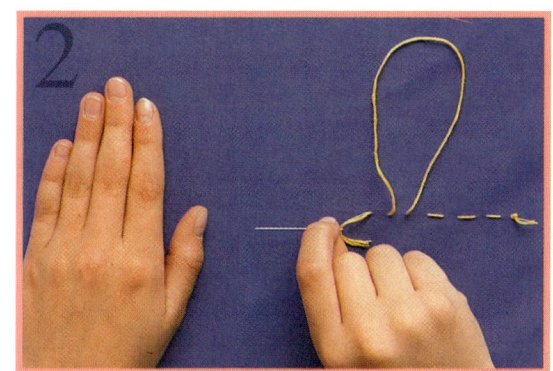

Steppstich

Mach einen Knoten an das Fadenende*. Der erste Stich ist gleich wie beim Vorstich. Dann führe die Nadel durch das Loch am Ende des ersten Stichs in den Stoff und dann, ein Stück vor dem letzten Stich, wieder heraus (Bild 1). Wiederhole die Schritte 1 und 2, bis die Naht fertig ist.

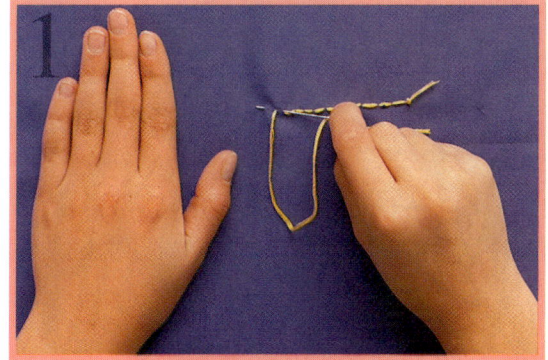

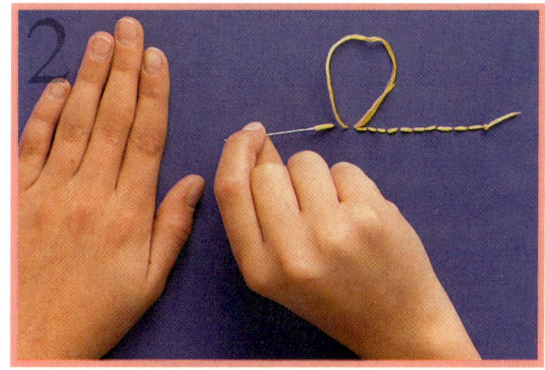

* Wenn die Stiche sehr gut halten sollen, nimmst du den Faden am besten doppelt.

Vorlagen

Hier die Schablonen für die Brillen auf Seite 12-13, die Fingerpüppchen von Seite 44-45 und die Stoffiguren von Seite 58-59. Auf Seite 60 wird erklärt, wie die Muster übertragen werden. Bevor du mit dem Abpausen beginnst, lies zuerst, was bei der jeweiligen Vorlage steht.

Schnittlinie

Wie man eine Vorlage verwendet
Bitte einen Erwachsenen, dir zu helfen, den oberen und den unteren Teils der Vorlage auf den Stoff zu heften, damit der Stoff gerade liegt.

oben

oben

oben

Schnittlinie

Falz

Hasenohren
Pause die Vorlage ab, wie auf Seite 60 beschrieben, und schneide dann die zwei Ohren aus. Falte jedes Ohr entlang der gestrichelten Linie und nähe die offenen Seiten in 1 cm Abstand vom Rand zusammen.

unten

Schnittlinie

Falz

Kätzchen
Pause das Muster ab, wie auf Seite 60 beschrieben. Falte ein Stück Stoff in der Mitte, lege die rechten Seiten aufeinander und stecke die Schablone so auf den Stoff, daß die gestrichelte Linie am Falz liegt. Schneide den Stoff aus und nähe die offenen Seiten in etwa 1 cm Abstand vom Rand zusammen.

unten

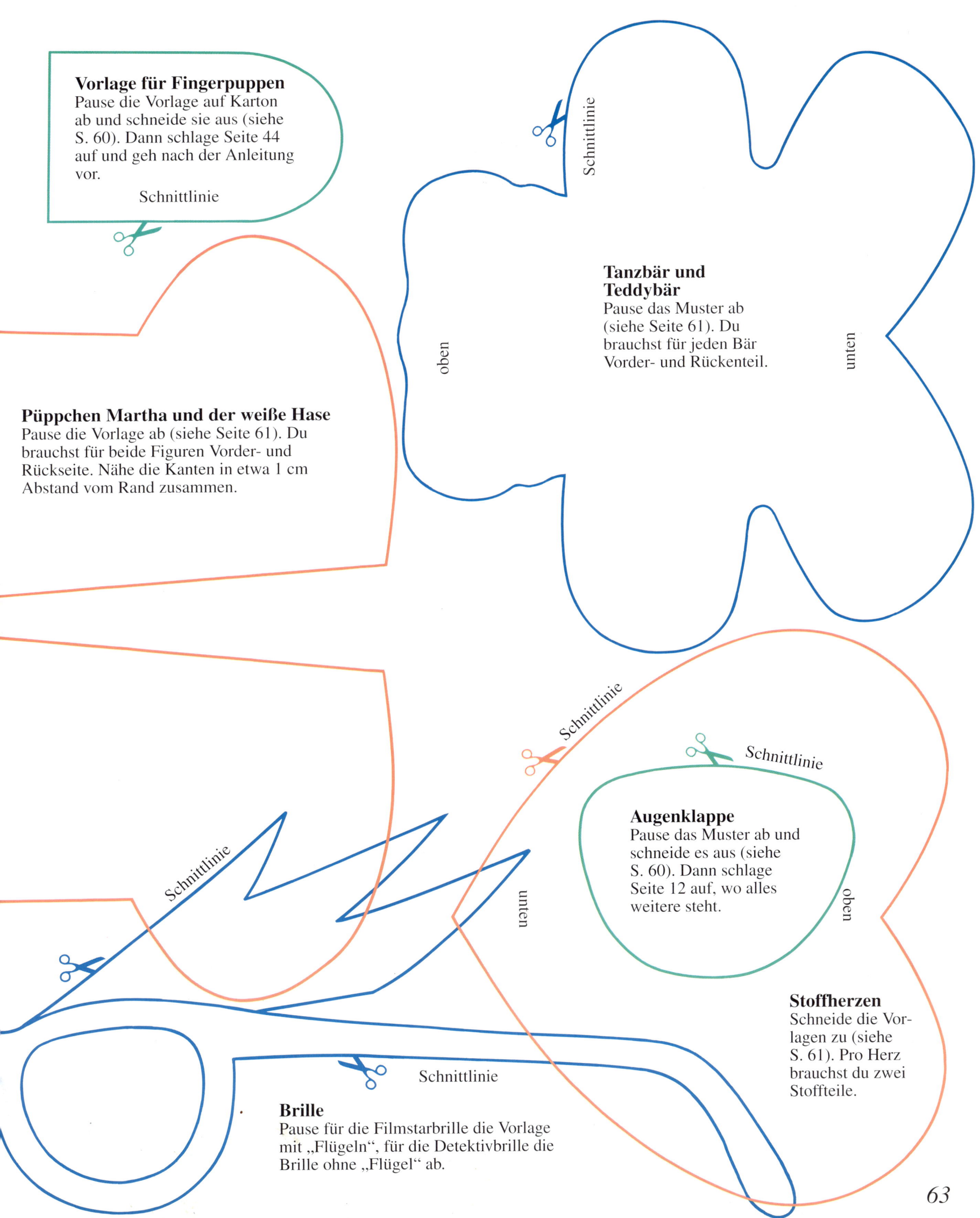

Vorlage für Fingerpuppen
Pause die Vorlage auf Karton
ab und schneide sie aus (siehe
S. 60). Dann schlage Seite 44
auf und geh nach der Anleitung
vor.

Schnittlinie

Schnittlinie

**Tanzbär und
Teddybär**
Pause das Muster ab
(siehe Seite 61). Du
brauchst für jeden Bär
Vorder- und Rückenteil.

oben

unten

Püppchen Martha und der weiße Hase
Pause die Vorlage ab (siehe Seite 61). Du
brauchst für beide Figuren Vorder- und
Rückseite. Nähe die Kanten in etwa 1 cm
Abstand vom Rand zusammen.

Schnittlinie

Schnittlinie

Schnittlinie

Augenklappe
Pause das Muster ab und
schneide es aus (siehe
S. 60). Dann schlage
Seite 12 auf, wo alles
weitere steht.

unten

oben

Stoffherzen
Schneide die Vor-
lagen zu (siehe
S. 61). Pro Herz
brauchst du zwei
Stoffteile.

Schnittlinie

Brille
Pause für die Filmstarbrille die Vorlage
mit „Flügeln", für die Detektivbrille die
Brille ohne „Flügel" ab.

63

Register

Buchhandlung
Bürobedarf · Schreibwaren
Stefan Krumpipe
Marktstr. 6 · 34414 Warburg
Tel. 05641/2226 · Fax 740 226